培訓叢書 ㊲

溝通能力培訓遊戲

郭寶明　編著

憲業企管顧問有限公司　　發行

《溝通能力培訓遊戲》

序　言

　　這本《溝通能力培訓遊戲》的書籍，是透過輕鬆、有趣的培訓遊戲，從而改善你的溝通能力；企業員工與他人進行溝通時，能夠準確選用溝通方法，有效運用溝通技巧。

　　溝通是人類思想與感情的傳遞或回饋的過程，它包括確定溝通技巧、選擇溝通方式、實施溝通、溝通回饋等 4 個階段。

　　溝通技巧是現代員工所不可或缺的能力，也是我們日常生活中應具備的一種能力，每人都需要學習溝通的策略與方法，以及如何運用溝通技巧來達到溝通目的。溝通能力是拓展個人發展空間、打造優秀團隊的必修課程。

　　良好的溝通有利於問題的解決，感情的交流。對於工作職場的主管而言，溝通能力尤其重要。「溝通」是主管每天重覆做得最多的事情，主管的溝通能力直接決定管理的成效，決定自身職業發展的最終境界。

　　本書包含多個有趣遊戲，涵蓋了各種不同類型的溝通方法和溝通技巧，從溝通方式、表達、發問、傾聽、回饋、人際溝通等方面，細化了溝通所需的各項能力。活潑有趣且具有激勵作用，圍繞著溝通技能的學習和使用而展開。有些遊戲簡短而有趣，能夠提高參與者對溝通問題的認識；有些遊戲則是教授一項溝通技能。

2018 年 3 月

※進行溝通培訓遊戲的小提示

為何有使用培訓遊戲

英國有句諺語：「If I tell you，you will forget；If I show to you，you will remember；If I do with you，you will sure remember。」各種有趣的遊戲，本身就是一種管理培訓。

培訓活動採用遊戲方式，或許有人會對它嗤之以鼻，認為是一種小孩子玩的東西，沒有什麼價值。

但是下列特點，使得培訓遊戲在管理培訓中佔有舉足輕重的地位：

· 遊戲帶來多樣性，多樣性是增添學習樂趣的調料
· 遊戲事業來互動，帶來培訓效率的提升
· 遊戲可以使我們找到創新的樂趣
· 遊戲可以幫助我們加快彼此的瞭解和溝通
· 用遊戲來突顯道理（或能力）愈能令學員有深刻的印象。

進行培訓遊戲的小提示

根據我們多年團隊建設遊戲的設計和指導經驗，獲得了不少重要的啟示。儘管提出的指導方針簡單得令人難以置信，但它們對於你的成功有至關重要的意義。我們極力建議你仔細研究這些普遍的原則並切實遵守它們。

1. 仔細地挑選遊戲

這要求你仔細瞭解每組遊戲，瞭解它們的目標所在，這樣才能保證你在為你的團隊挑選一個或幾個遊戲前，對每個遊戲的意義以及要求非常熟悉。最終作出選擇時應當考慮到具體的遊戲是否適合你的團隊類型與特點，是否與團隊會議的目標相符，以及是否適合那些參加遊戲的人。

2. 有明確目的

一些人只是隨便挑選遊戲而缺少對遊戲目的慎重地考慮和清楚地認識。簡單來說，他們缺少明確的目的——一個符合邏輯的出發點。結果是，他們中很多人應用這些遊戲僅僅是（同時也是不正確的）因為這些遊戲是現成的，可以毫不費力地借用，或者這些遊戲看起來很有趣。你必須在挑選遊戲以適應你的目的這方面做得非常好——然後向團隊成員傳達這個意圖。

3. 有備用計劃

如果你相信墨菲法則（「如果一件事情有可能向壞的方向發展，那它一定會向壞的方向發展」），那麼，準備一個以上的遊戲應該是比較明智的。就像在「A 計劃」行不通的時候採取「B 計劃」那樣，一個團隊領導者應當學會如何明智地準備一個備用計劃。千萬要記住，道具有可能壞掉，團隊成員有可能在你前幾週度假的時候已經玩過了你的遊戲，或者團隊對於某些類型的遊戲沒有反應。一定要準備一個可以替換的遊戲。

4. 對遊戲進行預演

一個懷疑論者曾經建議人們不要相信任何人的承諾，即便是上帝的允諾，也是「直到它被寫下來你才能夠確信！」請注意這個極端保守的建議，採用遊戲的人不應當僅僅依賴於遊戲所提供的各種描述或某些人對遊戲的高度評價。比較理想的情況是，在遊戲有可能浪費團

隊成員的時間和精力之前，你最好能找到一個合適的環境先試驗一下。關係比較密切的同事、工作人員中的志願者或是自己的家庭成員都是很好的評論家，發揮他們的作用。

5. 儘量簡短和有選擇性

時間是至關重要的資源，任何組織都不能承受浪費時間的代價。書中的遊戲能夠在相對較短的時間裏被介紹清楚並進行完畢。同時，也提供了如何在遊戲很受歡迎的情況下，將討論延長和擴展的技巧。應當時刻牢記遊戲並不是團隊建設過程中的主要部份。它們只是幫助你達到目的和實現目標。不要拖延遊戲，也不要在一個會議上進行太多的遊戲。應當把遊戲僅僅當作是一頓大餐中的開胃小食或是甜點，而不是把它們當作主菜。遊戲只是達到一個較為重要的結果的手段，它們自身並不是結果。

6. 不要只是為了娛樂而進行遊戲

表現優異的團隊總是希望更高效，並且能精明地運用他們的時間。不要把寶貴的會議時間浪費在僅僅為了娛樂而進行的遊戲上。

7. 作好準備

在決定要進行一個遊戲後，應當作充分的準備。千萬不要在最後時刻才選定遊戲，一定要確定自己對遊戲已經非常熟悉，自己的目標已經界定的足夠清楚，並且在遊戲結束後聽取團隊的小結時要有明確的計劃，進而能清楚地解釋所提出的問題。

8. 引導團隊討論

如果不能夠促成一次有效的團隊討論，那麼遊戲將僅僅是個遊戲。檢查一下遊戲所需的全部用品，預計一下可能得到結果與反應。不僅要準備遊戲提供的一些問題，同時也要另外準備一些問題，使遊戲的結果能結合到自己的團隊建設中去。要提醒成員注意討論遊戲結果的時間限制。要集中注意力於遊戲的意義與目的，而要儘量減少關

於遊戲本身技巧方面的討論。儘量促成參與者得出各種有意義的結論，而不要過早地表達自己（團隊領導者）的觀點與結論。遊戲的進程應當快，並且在所有的主要論點都已明瞭的時候停止遊戲。

9. 將轉變付諸於具體實踐

　　這些遊戲所提供的都是普遍意義上的東西，它們實際上都是很寬泛的，並不具體針對那個公司或那個行業。對於你來說，必須要將團隊的注意力由遊戲過程轉移到遊戲的含義以及意義上來。應當鼓勵參與者考慮這類問題：「我（我們）從遊戲中學到了什麼？用這些來解釋我們團隊的一些情況會怎樣？我們怎麼通過它來改善我們自己團隊的表現？」然後把成員提出來的一些重要觀點以及他們改善後的行動計劃記錄下來，分發給整個團隊，作為他們以後回顧和行動的參考。

《溝通能力培訓遊戲》

目　錄

第 一 章

「溝通技巧」的培訓課程案例

1 學習情境

　　運用培訓課程的設計，掌握溝通培訓課程設計的步驟，提出改進要求。

　　B 公司是一家大型的家電生產企業，成立於 1968 年，員工人數達到 1500 多人，年產值 20 多億元。隨著市場的競爭越來越激烈，公司的整體效益呈現下滑趨勢。為了提高競爭力，公司對中層管理人員進行培訓需求調查，通過對培訓需求的分析，溝通能力的提升列為管理人員需要培訓的重點內容。

　　培訓公司根據家電企業的要求對「溝通課程」進行了設計。為了培訓效果，在實施培訓之前，家電企業檢查了課程設計。以下是培訓公司提供的課程設計。

2 培訓課程分析

（一）學員分析

1. 學歷情況

表 1-1 是對中層管理人員的學歷調查情況，從表中可以看出，擁有本科和專科學歷人員是中層管理人員的主力軍。因此在課程設計的過程中應考慮到他們的學歷情況。

表 1-1　中層管理人員學歷狀況表

學歷 人數比例	博士	碩士	本科	專科	職高
中層管理者人數	2人	5人	18人	10人	5人
所占比例	5%	12.5%	45%	25%	12.5%

2. 學習態度

通過對調查問卷的分析，發現中層管理人員的學習動機很明確。目前的管理工作對他們的溝通能力要求很高，他們現在很需要進行這項能力的培訓。

（二）任務分析

通過查閱公司的職務說明書以及績效考核資料，並通過與有經驗的中層管理人員的談話，發現有效溝通對中層管理人員的工作來說很重要，這種溝通不僅包括上級和下級之間的溝通，還有與重要

客戶的溝通。

（三） 解決方案

通過對中層管理人員個人和任務的分析，發現中層管理人員很需要這項培訓。根據公司目前現存的課程資料以及現有的人員情況，可以開發「高效溝通」這門培訓課程。

3 編制課程大綱

大多數中層管理人員是專科以上學歷，因此在設計課程時應注意學員的學習能力，設計適合他們的授課方式以及課程內容。

※ 「高效溝通」課程大綱

1. 課程名稱

高效溝通

2. 課程對象

公司各職能部門的負責人。

3. 課程目標

(1)能夠描述人與人之間溝通中存在的障礙。

(2)熟練掌握溝通中必要的技巧，具備良好的溝通心態。

4. 課程特點

(1)講師的角色是教練和促進者。

(2)以大量的現實生活和工作中存在的問題為主線進行講授。

5. 課程內容

課程內容見表 1-2。

表 1-2　課程單元、構成、內容以及時間分配表

單元	構成	內容	時間
第一單元 認識溝通	溝通現狀	錯誤溝通的影響 溝通能力的診斷 溝通是什麼	2小時
	阻礙溝通的要素	聽／說體驗活動 阻礙溝通的因素	
第二單元 積極傾聽的技巧	關注 確認事實	確認事實的概念 換一種對話方式 產生共鳴的三個階段	4小時
	共鳴	感情（感覺）確認的練習	
第三單元 有效表達的技巧	有效的表達	有效的表達方法 我的資訊／你的資訊 有效的提問要領／實習	6小時
	提問／回答	封閉型／開放型提問 封閉型／開放型提問的轉換／活用	

6.授課講師

授課講師為 xx 培訓公司的 xx 培訓師。

7.授課方式

授課方式為講解、故事、遊戲、現場情景模擬。

8.課程時間

培訓時間為兩天，xxxx 年 6 月 7-8 日，課時為 12 小時。

9.授課地點

授課地點為公司內部的專門培訓教室 903。

4 編制講師手冊

為了能夠順利、有效地完成課程的培訓，達到預期的培訓效果，課程開發人員應對課程的講授過程進行預先設計，這就需要編制講師手冊。

※「高效溝通」課程講師手冊

第一部分　開場白和課程導入

1.開場白

時間：15 分鐘。

目的：明確本課程的主要內容以及課程中的紀律問題。

所需資源：電腦、投影儀、寫字筆、寫字板及活頁掛圖。

授課方式：講解。

今天課程的主要內容是高效溝通所包括的三方面內容，即認識溝通、積極傾聽的技巧、有效表達的技巧。

在上課之前，先講一下課堂紀律：遵守上課時間，不遲到、早退；手機置於振動狀態；課堂上不准打電話；不要在課堂上走動；不得吸煙、大聲喧嘩。

2.課程導入破冰活動。目的：為了使學員之間互相熟悉，調動大家的積極性，活躍氣氛，我們在上課之前將對學員進行分組。

時間：25分鐘。

所用工具：寫字板、寫字筆。

第二部分 認識

溝通時間：120分鐘。

目的：明確本節主要講授的內容，即錯誤溝通的影響、溝通能力的診斷、溝通是什麼、聽／說體驗活動、阻礙溝通的因素。

所需資源：電腦、投影儀、寫字筆、寫字板及活頁掛圖。

授課方式：講解、提問、遊戲。

1.錯誤溝通的影響

時間：20分鐘。

授課方式：講解。

(1)錯誤溝通是什麼（略）。

(2)錯誤溝通對我們的影響（略）。

2.溝通能力的診斷

時間：20分鐘。

所需資料：溝通能力測評試卷。

表 1-3　溝通能力自測表

1. 當你的同事對你進行勸告或批評時，你的態度如何		
人很樂意接受	B.能接受一部分	C比較抵觸，難以接受
2. 在你工作非常忙碌時，你的同事請你幫忙，你會怎麼做		
A·盡力而為	B有時會推辭	C·拒絕的時候比較多
3. 你與下屬共同談論工作時，你一般會怎樣做		
A·以讚揚和鼓勵為主	B·讚揚多，批評少	C·通過批評讓其不斷進步
4. 同事的性格、生活方式等與你有很大出入時，你會如何處理		
A·很快適應，並能融洽相處	B·通過溝通會慢慢適應	C很難適應
5. 當你到一個薪的環境或單位，你如何面對不認識的人		
A·很快就能熟悉	B·能和部分人很快熟悉起來	C.慢慢熟悉他們
6. 當你的同事做了一件讓你感到不舒服的事時，你會如何處理		
A.溝通後能夠原諒他	B·能站在他的角度重新審視問題	C·敬而遠之
7. 當你在工作中遇到難題時，你會如何處理		
A.喜歡向同事求助	B·在無能為力時求助同事	C從不求助，自己解決
8. 當同事取得重大成就時，你會如何表示		
A.祝賀他並願意傾聽他的經驗	B·表示祝賀	C很羨慕，很希望自己也能取得
9. 公司裏有人在背後說別人的壞話時，你會怎麼處理		
A.如果能制止，就制止他們	B·絕不參與其中	C·即使聽到，也不擴散
10.在與客戶進行溝通時，你能迅速發現客戶的興趣點嗎		
A.見面的幾分鐘後就能發現	B·要經過一段時間的溝通才能發現	C要通過幾次溝通才能發現
評分標準： 選A得3分，選B得2分，選C得1分。 24分以上，說明溝通能力很強，請繼續保持和提升。 15～24分，說明你的溝通能力一般，請努力提升。 15分以下，說明你的溝通能力很差，急需提升。		

講授方式：提問、講解。

本節採用自測表的形式進行，給學員發放溝通能力自測表，測試學員目前的溝通能力。

3.溝通是什麼

時間：30分鐘。

授課方式：講解。

講解內容（略）。

4.聽／說體驗活動

時間：30分鐘。

授課方式：遊戲。

活動內容（略）。

5.阻礙溝通的因素

時間：20分鐘。

授課方式；講解、提問。

講解內容（略）。

第三部分　積極傾聽的技巧

時間：240分鐘。

目的：明確本節主要講授的內容，即確認事實的概念、換一種對話方式、產生共鳴的三個階段、感情（感覺）確認的練習等。

所需資源：電腦、投影儀、寫字筆、寫字板及活頁掛圖。

授課方式：講解、遊戲、討論、案例分析、現場情景模擬。

講師講解：在溝通中，傾聽是溝通過程中最重要的環節，是有效回饋的前提。因此提高傾聽的技巧，能夠幫助我們提高溝通能

力。在進行本節課程內容之前，我們先來做個遊戲。遊戲規則見表
1-4。

表 1-4　遊戲規則一覽表

遊戲目的	有效提高遊戲參與者的傾聽能力；提高遊戲參與者的資訊處理能力		
時間	30分鐘	用具	白紙若干張
遊戲步驟	1. 首先，講師向學員提出一個問題：小林和大林兄弟兩個，小林有5只羊，大林有15只羊，請問他們家有多少只羊？ 2. 有人回答20只羊嗎？還有其他的答案嗎？這時候講師可以給出答案：「不能從題目中知道小林家有幾隻羊。」 3. 組織學員進行討論		
問題討論	1. 為什麼有許多學員能夠給出「精確」的答案？ 2. 在溝通中傾聽有何重要性？ 3. 傾聽別人的說話後，應怎樣利用已有的資訊進行判斷？		
培訓技巧	1. 上面的問題是沒有答案的，因為不能從上面的資訊判斷出他們家是否還有三林、四林或其他的親屬 2. 還可以用下面的問題引出討論： (1)小明的媽媽有4個兒子，大兒子叫大毛，二兒子叫二毛，三兒子叫三毛，那四兒子叫什麼？ (2)爺爺指著紅色的牡丹對兩個孫子說：「能告訴我這朵花是什麼顏色嗎？」 一個孫子說「能」，另一個孫子說「紅色」。		

第四部分　有效表達的技巧

時間：360 分鐘。

目的：明確本節講授的主要內容，即有效的表達方法、我的資訊／你的資訊、有效的提問要領/實習、封閉型／開放型提問、以及封閉型／開放型提問的轉換／活用。

所需資源：電腦、投影機、寫字筆、寫字板及活頁掛圖。

授課方式：講解、故事、討論、案例分析、練習、實際操作。

講師講解：

引入一個故事，說明表達的技巧，能夠帶來的好處。

有一位夫人來找林肯總統，她理直氣壯地說：「總統先生，你一定要給我兒子一個上校的職位。我並不要求您的恩賜，而是我們應該有這樣的權力。因為我的祖父曾參加過雷斯頓戰役，我的叔父在布拉敦斯堡是唯一沒有逃跑的人，而我的父親又參加過納奧林斯之戰，我的丈夫是在曼特萊戰死的，所以我說應該給我兒子一個上校的職位。」

「夫人，你們一家三代為國服務，對於國家的貢獻實在夠多了，我深表敬意，現在您能不能給別人一個為國效力的機會？」林肯接過話說。

表 1-5 有效表達的技巧的內容一覽表

章 節	內 容	授課方式	時 間
第一節	有效的表達方式	講解、案例分析	60分鐘
第二節	我的資訊／你的資訊	講解、討論	60分鐘
第三節	有效的提問要領／實習	講解、討論、練習	60分鐘
第四節	封閉型／開放型提問	講解、練習、討論	90分鐘
第五節	封閉型／開放型提問的轉換／活用	講解、實際操作	90分鐘

表 1-6 遊戲規則一覽表

遊戲名稱	誰來比劃誰來猜
遊戲步驟	1. 每組選出兩個人，選定一個隊員進行比劃，一個隊員猜 2. 給比劃的隊員每人發一張紙（完全一樣），在紙上寫下10個名詞。然後打亂順序，再隨機分發給他們。在此過程中，任何人不能說話 3. 比賽開始，每組兩個人面對面站立，比劃一方要儘快讓對方猜出紙上的名詞，比劃者不能說出名詞及諧音 4. 用時最短的小組獲勝
問題討論	1. 獲勝的原因 2. 在對名詞進行比劃時有什麼技巧
講師講解	表達時話不在多，而在於精；表達要確定重點和關鍵說不是最重要的，讓別人聽懂才是目的

第五部分 課程回顧

時間：30 分鐘

工具：寫字板和寫字筆。

授課方式：提問、遊戲。

講師講解：

◆ 現在回顧本課程的所有內容（提問的方式）；

◆ 考查學員所學知識的運用（做遊戲，見表 1-6）。

5 評估培訓課程

對於中層管理人員的「高效溝通」培訓課程評估主要是對培訓效果的評估。

表 1-7 「高效溝通」培訓效果評估調查表

評價對象	具體調查的內容	1 分	2 分	3 分	4 分	5 分
整體培訓	本次培訓的組織安排工作做得是否到位					
	您覺得本次培訓的後期工作做得如何					
	課程內容是否清晰、明確					

續表

培訓 課程	您認為培訓教材適合您嗎					
	您覺得培訓內容對您銷售工作的 指導性強嗎					
	課堂氣氛活躍程度					
	視覺輔助工具的運用是否合適					
	您認為受訓人員參與程度如何					
	您認為在課程內容方面應有哪些 改進：					
培訓 方法	在此次培訓過程中，您接觸到哪幾種培訓方法：					
培訓 講師	培訓方法的靈活程度					
	儀錶儀態					
	語言表達能力					
	肢體語言運用技巧					
	語調運用技巧					
	提問及回答問題的準確性					
	授課技巧運用程度					

培訓小故事

猴子的互相配合取食

　　美國加利福尼亞大學的學者做了這樣一個實驗：把6隻猴子分別關在3間空房子裏，每間2隻，房子裏分別放著一定數量的食物，但放的位置高度不一樣。第一間房子的食物就放在地上，第二間房子的食物分別從易到難懸掛在不同高度的適當位置上，第三間房子的食物懸掛在房頂。數日後，他們發現第一間房子的猴子一死一傷，傷的缺了耳朵斷了腿，奄奄一息。第三間房子的猴子也死了。只有第二間房子的猴子活得好好的。

　　為什麼第一間房子和第三間房子的猴子最後非死即傷呢？究其原因，第一間房子的兩隻猴子一進房間就看到了地上的食物，於是，為了爭奪唾手可得的食物而大動干戈，結果一死一傷。第三間房子的猴子雖做了努力，但因食物太高，難度過大，夠不著，被活活餓死了。只有第二間房子的兩隻猴子先是各自憑著自己的本能蹦跳取食，最後，隨著懸掛食物高度的增加，難度增大，兩隻猴子只有協作才能取得食物，於是，一隻猴子托起另一隻猴子跳起取食。這樣，每天都能取得夠吃的食物，很好的活了下來。

　　任何團隊成員，只有相互依存、相互溝通、相互合作，才能夠共渡難關。或許在某些方面我們有一些過人之處，但是僅僅憑藉這些過人之處我們是不是就能生存了呢？很難說，我們只有將這些優勢整合在一起，才能獲得生存。例如第二個房間的猴子，

其中一個力氣大，另外一個手臂長，單憑其中任何一個，都不可能夠到食物，只有它們相互配合，才能獲得食物、獲得生存。

心得欄

第 二 章

溝通氣氛遊戲

1 狼來了

◎遊戲目的

幫助學員營造友好的溝通氣氛，訓練學員的信息傳遞能力。

◎遊戲人數

30 人

◎遊戲時間

20 分鐘

◎遊戲場地

空地

◎遊戲道具

無

◎遊戲步驟

1. 將學員分為 10 人一組，每組各自排成一列橫隊。為各組學員編號，按照排列順序分別編為 1～10 號，排在第一位的學員為 1 號，第二位的學員為 2 號，依此類推，最後一位學員為 10 號。

2. 培訓師宣佈遊戲規則。各組的 1 號學員喊「狼來了」，然後 2 號學員問「真的嗎」，1 號學員再次對 2 號學員說「狼來了」。2 號學員再對 3 號學員說「狼來了」，3 號學員問 2 號學員「真的嗎」，2 號學員再問 1 號學員「真的嗎」，1 號學員對 2 號學員說「狼來了」，2 號學員對 3 號學員說「狼來了」，此時 3 號學員就要對 4 號學員說「狼來了」。

3. 依此類推，一名學員聽到前一位學員說「狼來了」之後，要問「真的嗎」，然後層層往前詢問，直到 1 號說「狼來了」，然後再層層往後傳遞，當這名學員再次聽到「狼來了」時，就對後面的學員說「狼來了」。

4. 當各組的 10 號學員兩次聽到「狼來了」之後，全組學員要齊聲說「狼來了，快逃吧」，最先「逃跑」的一組獲勝。

5. 遊戲結束後，培訓師組織學員就溝通與信息傳遞等問題展開討論。

將軍的幽默

一次，空軍俱樂部舉行宴會招待空戰英雄。一位年輕士兵在斟酒時不慎把酒灑在了將軍的禿頭上。頓時，士兵悚然，全場寂靜。

只見這位將軍輕輕拍了拍士兵的肩頭，說：「老弟，你認為這種方法治療脫髮管用嗎？」

話音剛落，全場立即爆發出響亮的笑聲。

對於不慎犯錯的下屬，管理者應該通過及時溝通表示自己的善意和理解，讓其放下包袱，輕裝上陣。

主管者要善用幽默的溝通方式，幫助下屬減輕心理壓力，從而更有效地進行溝通。

2 簽名大比拼

◎遊戲目的

促進學員間的相互瞭解，活躍團隊溝通氣氛。

◎遊戲人數

30 人

◎遊戲時間

30 分鐘

◎遊戲場地

不限

◎遊戲道具

個人信息表（見附件）；每人一隻筆

◎遊戲步驟

1. 將《個人信息表》發給學員，每人一份。大家首先將《個人信息表》中的信息填寫完整，要求大家如實填寫。

2. 大家填完《個人信息表》以後，要去尋找具有同類信息的人（只要有一項信息符合即可），請具有同類信息的人在對應的信息項後面簽名。最後，得到簽名最多的學員獲勝。

3. 遊戲結束後，培訓師組織學員進行問題討論。

附件　個人信息表

個人信息項	具有同類信息的學員姓名
你是否出生在 1975～1995 年間：□是 □否	
你出生在＿＿＿月份	
你最喜歡的體育活動是＿＿＿＿	
你能使用＿＿＿種語言進行交流	
你最喜歡的一首歌曲是＿＿＿＿	
你最喜歡的顏色是色＿＿＿＿	
你最喜歡的一本書是＿＿＿＿	
你最想去的一個地方是＿＿＿	
你有＿＿＿位家庭成員	
你經常坐＿＿＿＿（交通工具）上班	

◎遊戲討論

1. 作為獲得簽名最多的學員，你有怎樣的感受？

2. 透過這個遊戲，大家的相互瞭解是否有所加深？

3 心靈之旅

◎遊戲目的

學會與人相處，將心比心，換位思考，付出行動，換取他人信任，成為別人依賴的對象。

◎遊戲人數

20 人。

◎遊戲時間

40 分鐘。

◎遊戲場地

教室與室外。

◎遊戲道具

1/2 參訓人數的眼罩。

◎遊戲步驟

①全班分為二組，甲組先由助教帶出教室，戴上眼罩，扮演「盲人」。

②乙組扮演「啞巴」，由培訓師講清楚規則和要求。「啞巴」帶

著「盲人」要一起走完一段旅程。首先每人找一「盲人」,將「盲人」繞行若干圈後帶著他(或她)過一些障礙物,引導他上下臺階,觸摸不少於 5 件標誌物件,然後帶回教室安坐。這段旅程用時 10 分鐘,過程之中「啞巴」不可以說話,但可以用肢體語言與「盲人」交流、溝通,不可洩漏自己的姓名。

③10 分鐘後,「啞巴」帶「盲人」回到教室,將「盲人」安坐成一圈,「啞巴」也圍坐成另一圈,這是培訓師讓「盲人」除掉眼罩,各自談出自己的感受,並請「盲人」指出自己的引路人。

④之後,角色互換,「盲人」一組扮演「啞巴」,任意選取一「盲人」(不能是剛才的夥伴),規則不變。

◎遊戲討論

你在遊戲當中都使用了哪些動作?交流物件對此是如何評價的?在整個遊戲過程中,你能很好地與對方契合嗎?

當我們進入一個陌生環境時,都會有些迷茫,害怕,最需要有一雙牽引的手。此刻,主管要做幫助他人的人,使其熟悉、適應環境。

要使對方由排斥到信任,必須用付出和行動換取。

猴子詢問來引導

　　猴子是大象保險公司的保險銷售員。保險是一種看不見摸不著的商品，不比其他實物，可以擺在桌面上讓動物們看到、聽到、感覺到。所以，保險推銷是森林王國裏最艱難的工作，但猴子卻做得很出色。

　　一天，猴子決定去向著名律師狐狸推銷保險。開始，狐狸一口拒絕：「你不用多費口舌了，我是不會買你的保險的。」

　　猴子說：「您誤會了，狐狸先生。兩個星期之前，我特意花了３個小時聽您的現場演講，那次演講精彩極了，我可以負責任地說，這是我聽到過的最棒的演講之一。開始我還覺得只是我個人有這種想法，沒想到坐在我身旁的所有人都說您講得非常棒。」

　　「我知道公眾演說的能力非常重要，您能傳授我一些經驗嗎？也好讓我的業務不至於太狼狽。」猴子誠懇地請求。

　　「其實也沒什麼，我只是憑著熱情和專業知識演講而已。」狐狸的態度緩和了不少。

　　「像您這樣有潛力、有號召力的人，是不是更應該注重身體，注重保障呢？」猴子趁熱打鐵。

　　「那當然，那當然。」狐狸說。

　　「那麼，我這份計劃書確實能為您提供保障，我想，您一定會再看一看的。」猴子抓住了機會。

> 最後，猴子終於向狐狸推銷出一張 10000 元的保單。
>
> 通過發問進行讚美，很容易攻破對方的心理防線，從而實現自己的目的。
>
> 通過發問，逐步引導對方向有利於自己的方向靠近，最終達成自己的目的。

4 改名換姓

◎遊戲目的

讓學員更加深刻地記住他人的名字，活躍學員間的溝通氣氛。

◎遊戲人

10 人

◎遊戲時間

20 分鐘

◎遊戲場地

不限

◎遊戲道具

無

◎遊戲步驟

1. 讓學員圍成一圈坐下，例如，張三右手邊坐著李四，李四右手邊坐著王五，那麼張三就改名叫李四、李四改名叫王五，依此類

推。

2. 培訓師告訴大家：現在，每個人都把名字換成右鄰者的名字，例如，培訓師問：「李四，你今天是幾點起床的？」真正的李四不可以回答，必須由張三回答；如果張三沒有回答，張三被淘汰；如果李四回答了，李四也被淘汰。

3. 培訓師點某個名字，詢問問題，該回答不回答或不該回答卻回答的人被淘汰。最後剩下的一個人獲勝。

4. 遊戲結束後，培訓師組織學員進行問題討論

◎ **遊戲討論**

1. 作為最後的獲勝者，你從來不會出錯的原因是什麼？

2. 透過這個遊戲，大家是否更加深刻地記住了他人的名字？

 培訓小故事

溝通協調很重要

　　森林裏，生活著一隻兩頭鳥，名叫「共命」。一直以來，兩個頭「相依為命」，遇事兩個頭都會討論一番，之後再採取一致的行動，例如到那裏去找食物，在那兒築巢棲息等。

　　有一天，不知為何一個「頭」對另一個「頭」產生了很大誤會，結果誰也不理誰了。其中一個「頭」想盡辦法和好，希望還和從前一樣快樂地相處。但是，另一個「頭」則睬也不睬，根本沒有要和好的意思。後來，這兩個「頭」為了食物開始爭執，善

良的「頭」建議多吃健康的食物，以增進體力；但另一個「頭」則堅持吃「毒草」，以便毒死對方消除心中的怒氣！和談無法繼續，只有各吃各的。最後，兩頭鳥終因吃了過多的有毒食物而死去了。

企業戰略的實施和團隊目標的實現都需要同事之間不斷的溝通。需要注意的是，溝通的目的是為了達成共識，而不是抬杠和爭吵。

同事之間，畢竟存在個人性格、職位性質特徵、工作側重點等方面的差別，日常發生各種小矛盾在所難免，那麼，在工作中怎樣才能使溝通變得更加順暢、有效呢？

5 少了一張報紙

◎遊戲目的
活躍團隊氣氛，增進學員間的溝通，培養學員的競爭意識。

◎遊戲人數
30 人

◎遊戲時間
30 分鐘

◎遊戲場地
空地

◎遊戲道具

報紙 30 張

◎遊戲步驟

1. 培訓師佈置遊戲場地，培訓師在場地內畫一個半徑為 4 米的圓圈，然後將 30 張報紙隨機放置在圓圈內。讓學員沿著所畫的圓圈站立，培訓師宣佈遊戲規則。

2. 培訓師從圓圈內拿出一張報紙，開始第一輪遊戲。當聽到遊戲開始的指令後，全體學員繞著圓圈走動；當培訓師喊「停」的時候，全體學員要立即站到圓圈內的報紙上，並且每張報紙上只允許站一個人（如果兩個人站到了同一張報紙上，則這兩個人將被淘汰），沒有站到報紙上的學員也將被淘汰。

3. 第一輪遊戲結束後，讓學員重新沿著圓圈站立，培訓師從圓圈內再次拿出一張報紙，開始第二輪遊戲。

4. 依此類推，以後每輪遊戲培訓師都拿出一張報紙、即報紙總比參加遊戲的人數少一張。決出比賽的最後勝利者，培訓師組織學員進行問題討論。

◎遊戲討論

1. 作為遊戲的最後獲勝者，你有什麼感受？

2. 在遊戲過程中，大家是否有過溝通與合作？

培訓小故事

通過發問，運用邏輯推理，獲知準確信息

在第二次世界大戰中期，日本決定選舉新一任首相，西方記者都急於知道選舉的結果，因為整個投票選舉都是秘密進行的，而新當選的首相會影響整個戰爭局勢的發展。但大臣們都守口如瓶。

有一個西方記者問了一個問題：「請問內閣大臣閣下，新任的總理大臣是不是禿頂？」記者根據對方遲疑以及思考的表情判斷出新任日本首相是東條英機。(當時圈定的候選人一共有 3 個人，一個是禿頂，一個是滿頭白髮，而東條英機是半禿。)

通過發問，能準確地挖掘出信息發出者所要傳達的信息，並可以判斷該信息是否有效。

通過發問後回饋者的回饋，有時運用邏輯推理和排除的方法便可以獲知準確信息。

6 聞名不如見面

◎ 遊戲目的

消除學員之間的陌生感，加強學員之間的瞭解和溝通。

◎ 遊戲人數

30 人

◎ 遊戲時間

20 分鐘

◎ 遊戲場地

不限

◎ 遊戲道具

每人準備一張寫有自己名字的卡片

◎ 遊戲步驟

1. 培訓師讓所有人交上自己準備的名字卡片，並將卡片打亂混放。（此遊戲的前提是所有人都互不相識。）

2. 培訓師告訴學員：現在大家有 10 分鐘的時間互相認識，請儘量認識更多的人，時間到了以後，所有人停止講話，培訓師讓全體學員圍成一個圓圈。

3. 培訓師讓學員隨機抽取卡片，避免有人抽到自己的卡片。請學員站到自已抽到的卡片主人的左邊，組成一個新的圓圈。

4. 請全體學員出示卡片，看有多少人找錯了位置。請錯誤的學

員再次尋找卡片的主人；依此類推，直到所有人都站對位置。

5. 全過程中所有人都不能說話。遊戲結束後，培訓師組織學員進行問題討論。

◎遊戲討論

1. 當你找錯了人時，你有怎樣的感受？如何才能更迅速地找對人？

2. 如果在遊戲過程中，允許大家說話，情況會不會好點？

3. 遊戲結束以後，大家是否會感覺到陌生感已經消失？

 培訓小故事

天堂和地獄

有人和上帝討論天堂和地獄的問題。

上帝對他說：「來吧！我讓你看看什麼是地獄。」他們走進一個房間。一群人圍著一大鍋肉湯，但每個人看上去一臉餓相，瘦骨伶仃。他們每個人手腕上都鎖著一隻可以夠到鍋裏的湯勺，但湯勺的柄比他們的手臂還長，自己沒法把湯送進嘴裏，有肉湯卻喝不到。

「來吧！我再讓你看看天堂。」上帝把這個人領到另一個房間。這裏的一切和剛才那個房間沒什麼不同，一鍋湯、一群人、一樣鎖在手腕上的長柄湯勺，但大家卻快樂地歌唱著幸福。「為什麼？」這個人不解地問，「為什麼地獄的人喝不到肉湯，而天

堂的人卻能喝到？」

上帝微笑著說：「很簡單，在這兒，他們都會餵別人。」

同樣的條件，同樣的設備，為什麼一些人把它變成了天堂而另一些人卻經營成了地獄？

關鍵就在於，你是選擇共同幸福還是獨霸利益。天堂和地獄的區別就是人們會互相餵著吃還是只懂得自己吃。

其實這就是現代職場的一個縮影：善於合作的員工能在職場當中獲得很好的發展，而不善於合作、沒有配合意識的員工則很難獲得這樣的發展。

天堂和地獄之間唯一的區別就是你是不是有善於和別人配合的職場習慣。從中我們可以獲得這樣一個啟示：要想和同事之間配合得更加默契，就必須具有合作的職場習慣。

和同事溝通合作，一直以來都是職場工作的一個好習慣，遺憾的是有很多人並沒有這個好習慣，所以一直以來他們都沒能獲得很好的成功。其實，和同事配合，受益的不僅僅是你的同事，而且還有你。要知道，只有懂得和別人配合，別人才會和你配合，這是一個相互的過程。

7 你喜歡我嗎

◎遊戲目的

營造融洽、和諧的溝通氣氛,幫助學員消除陌生感,快速熟悉起來。

◎遊戲人數

30 人

◎遊戲時間

30 分鐘

◎遊戲場地

操場或空地

◎遊戲道具

無

◎遊戲步驟

1. 讓全體學員圍成一個圓圈,面向圓心站立。站在圓心的志願者問圓圈上的一名學員(例如說是甲):「甲,你喜歡我嗎?」

2. 甲如果回答「喜歡」,則甲身邊站著的兩位學員(假設是乙和丙)就要互換位置,在此過程中,圓心的志願者要迅速補充到乙或丙的位置上去。此時,乙和丙必然有一人失去位置,那麼失去位置的學員就要為大家表演節目,然後到圓心,開始新一輪的遊戲。

3. 甲如果回答「不喜歡」,則志願者就要接著問:「那你喜歡什

麼人？」如果甲回答說：「我喜歡戴眼鏡的人。」那麼圓圈上所有戴眼鏡的學員必須全部換位，圓心的志願者趁此機會補到一個空位上去。（此種情況下，甲的回答可以多種多樣，例如甲還可以說「我喜歡穿黑襪子的人」等這些需要確認才能行動的細節。）

4. 在學員中找一位志願者，請他站到圓心。培訓師宣佈遊戲規則，開始遊戲。

5. 培訓師要維持場上秩序，防止出現混亂的場面，同時還要負責學員在快速跑動中的安全問題。

6. 遊戲結束後，培訓師組織學員就團隊溝通氣氛等問題進行討論。

培訓小故事

提問轉變父親立場

義大利科學家伽利略在少年時有意要選擇哲學進行研究，卻遭到父親的反對。有一天他找了個機會對父親說：「父親，我想要知道是什麼促成了你與母親的婚事？」

父親回答說：「因為我喜歡上她了！」

伽利略於是又問：「那你沒有考慮過選擇別人？」

父親笑容滿面地回答說：「怎麼可能，兒子！你知道嗎？當時家裏的長輩要我選擇另一個富有的女人結婚，可是我只對你母親一見鍾情，當初我追求她時仿佛陷入迷夢中。當時你母親是多

麼美麗動人⋯⋯」

　　伽利略接著說:「這倒是事實,到現在還看得出來。可是,父親大人,我現在也面臨著同樣的處境!除了哲學,我不可能選擇其他的方向。現在哲學是我心中唯一的需要,我對它的喜愛也猶如對一位貌美的女人一般不能割捨。」

　　父親聽完伽利略的一番話後,終於點頭答應讓他從事哲學研究了。

　　聲東擊西,學會用「無關緊要」的問題獲取真實信息,是發問的藝術。通過發問,瞭解對方的真實感受,並加以利用就能達成自己的目的。

8 模特兒

◎遊戲目的

1. 活躍現場氣氛。

2. 這個遊戲以圖表形式向學員表明,團隊行為是如何形成的。

◎遊戲人數

集體參與

◎遊戲時間

15 分鐘

◎遊戲道具

無

◎遊戲場地

不限

◎遊戲步驟

1. 讓學員站成一個圈。遊戲開始時,讓學員任意指向圈中的一個人,手不要放下來。那個人現在要指向圈中的另一個人,依次下去。

2. 告訴大家,不允許指向已經指著別人的人。遊戲這樣進行下去,直到每個人都指著某個人,而且沒有兩個人指向同一個人。然後大家都把手放下來。

3. 而後培訓人員告訴大家,把目光放在剛剛指著的人身上。告訴他們,他們的工作是監督那個人。那個人被稱為「角色模特」。

4. 學員有一件工作:他們必須密切監督他們的「角色模特」,並且模仿他的動作。

5. 要求學員站著不動。只有當他們的「角色模特」動了,他們才可以動。

6. 實際上,「角色模特」做的任何動作如咳嗽,拉拉手指,學員都必須立即重覆,然後站著不動。

7. 開始遊戲,進行大約五分鐘。

8. 可能出現的情況是,隨處可見各種小動作。

9. 無論什麼時候,當有人做了一個動作,這個動作將會被大家轉著圈傳播開,無休止地重覆下去(通常在每次重覆時都會有所誇張)。

10. 最後，圈裏的每個人都會搖著頭、擺著胳膊、做著鬼臉、咳嗽或者咯咯笑。

◎遊戲討論

1. 有誰知道某個動作是誰先發起的？

2. 當有人首先開始後，一旦其他人都這麼做了，會產生什麼樣的結果？

3. 玩這個遊戲的代價是什麼？對你來說，你個人停止參與這個不良循環，是多麼重要？為了改變這種現象，你願意做什麼？

◎遊戲總結

當大家都監督並模仿自己的「角色模特」時，整體的行為就會變得十分混亂。引申到工作中就是：學會自律，杜絕不良行為。

培訓小故事

蓋茨先生的溝通難題

20 世紀 30 年代，羅伯特‧蓋茨於底特律創辦了一家收音機製造小廠。就從這家小廠發跡而成為雄踞全國的一家最大的收音機、電視機和同類產品公司，1965 年它的銷售額達 3 億美元，僱員 15000 人，10 個加工製造點。

在該公司整個成長過程中，創始人保持了公司積極的、富有想像力的和主動進取的風格。公司在創辦初期，每個主管和工人都認識蓋茨，而蓋茨也能叫出其中大多數人的名字。即使公司壯

大到具有相當規模以後，人們也覺得他們瞭解公司創始人和最高層主管。這家公司從未有過工會組織，這個事實說明：同員工個人對公司懷有強烈的忠誠感，有著密切的關係。

　　隨著公司的繁榮和發展壯大，蓋茨先生卻擔心公司正在喪失「小公司」精神，他也擔心公司的信息溝通受到妨礙；公司員工不理解他的目標和哲學，因對公司其他部門從事的工作無知，而造成了大量無效的重覆勞動，其結果是新產品的開發和市場行銷活動都受到損失。同樣，他還擔心自己失去了同員工的接觸聯繫。

　　為了解決信息溝通問題，他聘用了一個信息溝通主任並讓他報告有關情況。

　　他找到了其他公司正在使用的各個信息溝通手段並加以運用：如在每個辦公室和分佈全國的工廠安裝公告欄；辦了一份刊載大量影響各個經營點的公司新聞和個人新聞的生機勃勃的公司報，發給每個員工《公司實況》一書，提供關於公司的重要信息；公佈定期的利潤分配書，公司出面主辦講授信息溝通課程；在公司總部每個月舉行一次由 100 名高層主管人員參加的例會；在名勝地區每年舉行為期 3 天的、由 1200 名各層次主管參加的例會；為討論公司事務而召開的大量特別委員會會議。

　　在付出了大量時間、精力和費用以後，蓋茨先生感到失望了。他發現在公司的信息溝通中的問題和小公司的感情依然存在著，而且他的計劃執行結果看來並不足道。

　　現代企業一般都有比較合理的企業組織形式解決企業內部的溝通問題，同時輔以企業文化和知識管理等手段達到企業員工

之間的溝通。企業溝通模式總是和企業的目的和要求一致的，所
以蓋茨先生首先應該考慮小企業的精神是否還適應目前的狀況。

9 生日的溝通

◎遊戲目的

對於一個團隊來說，要想取得大家的效用最大化，彼此之間的
溝通與合作是非常重要的，一人的疏忽與失誤影響的不僅僅是他個
人還有我們大家。

⑴團隊合作精神的培養

⑵非語言溝通技巧的訓練

⑶增進新成員間的熟悉和瞭解

◎遊戲人數

集體參與

◎遊戲時間

15～20 分鐘

◎遊戲場地

空地

◎遊戲道具

無

◎遊戲步驟

1. 將所有學員召集到一片空地上，告訴他們，他們的任務就是圍成一個 U 字，排列順序根據大家的生日而定，例如，出生在 1 月 1 日的排在左邊的最高點 A，12 月 31 日的在右邊的最高點 B。剩下的人均勻分佈在他們之間，成 U 字形排列。

2. 規則：

⑴在整個過程中，學員都不可以講話。

⑵任務完成後，培訓者進行檢查的時候，如果有人站錯位置，那麼受罰的將是他後面一位。

3. 作為補充，培訓者可以讓大家從前至後的報出自己的生日，然後說出對於本次培訓或本單位的期望。

4. 讓做錯的學員表演節目，以示懲罰。

◎遊戲討論

1. 這個遊戲的規則體現了什麼樣的原則？

2. 從這個遊戲中，我們可以體會到什麼道理？

◎遊戲總結

1. 本遊戲的難點就是要大家透過非語言的形式進行交流，這也會大大加強學員或新成員之間的溝通與瞭解。

2. 由於一人站錯，他後面的人受罰就更讓大家體會到團隊合作的重要性，只有將大家視為一個群體，發揮集體的威力，才能達到我們最終的目的。

3. 本遊戲可以用於新的學員來臨或公司有新成員加入的時候，一方面可以加大彼此之間的熟識程度，培養溝通合作精神，另一方面培訓者或公司也可以及時瞭解大家的需求和期望。

10 溝通的恐懼感

◎遊戲目的

每個人都不是天生的演講家，甚至很大一部份人對於在公眾場所大聲講話感到恐懼。這是正常現象，這種人不必為此感到沮喪和自卑，就像有人天生跑得快而有人天生是運動白癡一樣，沒必要為這個而全盤否定自己。這個遊戲也是為了說明這個問題，它告訴學員害怕在公眾場合講話是正常的，並為解決這些恐懼提供建議。

⑴員工激勵培訓方法

⑵增強團隊凝聚力和合作精神⑶增強學員對自我的瞭解

⑷激發演講者的自信和能力

◎遊戲人數

5 人一組

◎遊戲時間

15 分鐘以上

◎遊戲道具

恐懼清單和建議手冊，題板紙

◎遊戲場地

教室

◎遊戲步驟

1. 在遊戲開始前問學員：「你們認為在你們各自的生活圈子

裏，大多數人最害怕的是什麼？」

⑴將答案簡明地寫在題板紙上，詢問大家是否同意這些意見。

⑵發給每人一張由專家列出的恐懼清單。告訴大家，如果信息準確的話，那麼大多數人的恐懼都是類似的，覺得做一場精彩的演說或開展培訓課程是一項挑戰。

⑶讓學員們回憶或採用腦力激盪的方法，盡可能多地說出克服恐懼的方法。

⑷展開小組討論，培訓者在旁記錄。記錄下學員們認為有效的方法。

2. 選出相對最恐懼在公眾場合發言的學員，讓他上台大聲朗讀這些克服恐懼的方法給大家聽。

◎遊戲討論

1. 你在公眾場合講話是否感到恐懼？你是否想過這些恐懼來自何處？有什麼方法可以克服？

2. 當你看到別人遇到這種恐懼時，是否希望想一些方法幫他？這些方法對你自己有用嗎？

3. 透過這個遊戲，你找到對你有幫助的方法沒有？

◎遊戲總結

1. 以下是由專家列出的恐懼清單：

· 在公眾前講話

· 金錢困擾

· 黑暗

· 登高

· 蛇和蟲子

- 疾病
- 人身安全
- 死亡
- 孤獨
- 狗

2. 克服演講恐懼的一些建議：

- 熟悉演講內容（首先成為一個專家）
- 事先練習演講內容
- 運用參與技巧
- 知道參加者的姓名並稱呼他們的名字
- 儘早建立自己的權威
- 用目光接觸聽眾，建立親善和諧的氣氛
- 進修公開演講課程
- 展示你事先的準備工作
- 預測可能遇到的問題
- 事先檢查演示設備和視聽器材
- 事先獲得盡可能多的參與者的信息
- 放鬆自己（深呼吸，內心對白等）
- 準備一個演講大綱並按部就班的進行
- 儀容儀表
- ，好好休息，使自己的身心保持警覺、機敏
- 用自己的方式，不要模仿他人
- 用自己的辭彙，不要照章宣讀
- 站在聽眾的角度看問題

- 設想聽眾是和你站在一個立場上的
- 對演講提供一個總的看法
- 接受自己的恐懼，把它看作是一件好事
- 事先向團隊介紹自己
- 把你的恐懼分類，看看那些是可控的，那些是不可控的，並找出相應的對抗恐懼的方法
- 對開場前的 5 分鐘要特別重視
- 把自己想像成一個出色的演講者
- 多考慮如何應對困難的處境和刁鑽的問題
- 營造一種非正式的氣氛

 培訓小故事

著火了

在溝通的過程中，不僅需要發問，還需要傾聽。傾聽是溝通過程中的重要環節之一，良好的傾聽是高效溝通的開始。

某地著火了，當事人立即撥通 119 求救。

消防隊：「那裏著火了？」

報警人：「我家。」

消防隊：「我是問在什麼地方？」

報警人：「在廚房。」

消防隊：「我是說我們怎麼去？」

報警人:「你們不是有消防車嗎?」

　　報警人的回答顯然沒有給消防隊員提供足夠的信息,所以,傾聽不僅需要具有真誠的心,還應該具備一定的傾聽技巧。只有這樣,才能更好地理解對方的想法,從而實現高效的溝通。

11 船要沉了的溝通協調

◎遊戲目的

訓練學員的團隊協調溝通能力,提高學員正確處理不同意見的能力。

◎遊戲人數

20 人

◎遊戲時間

30 分鐘

◎遊戲場地

教室

◎遊戲道具

「人物重要性排序表」(見附件)20 份

◎遊戲步驟

1. 情境:一艘在海洋上航行的輪船不幸觸礁,還有20分鐘就要沉沒。船上有16個人,可唯一的救生小船只能容下6個人,那6個人

應該上救生船呢？

　　2.請學員獨立對人物的重要性進行排序，最重要的填1，次重要的填2，依此類推，最不重要的填16。

　　3.將學員分成兩組，用 15 分鐘時間進行討論，小組成員最後得出統一意見。

附件　人物重要性排序表			
人物情況	個人選擇順序	小組選擇順序	差異
船長　　　　　　男　　45歲			
船員A　　　　　男　　30歲			
船員B　　　　　男　　28歲			
船員C　　　　　男　　23歲			
副省長　　　　　男　　62歲			
副縣長　　　　　女　　39歲			
副縣長的兒子　　男　　12歲			
海洋學家　　　　男　　52歲			
生物學家　　　　女　　33歲			
生物學家的女兒　女　　3歲			
員警A　　　　　男　　40歲			
員警B　　　　　女　　34歲			
罪犯（孕婦）　　女　　29歲			
醫生　　　　　　男　　44歲			
護士　　　　　　女　　23歲			
因工負傷的重病人（昏迷）男　26歲			

◎遊戲討論

1.到了船沉沒的時候，是否仍有小組沒有得出統一意見？

2. 小組在討論中是否設立了討論標準？

3. 小組中是否有互不妥協的情況出現？如果有，應當如何解決？

4. 勤過問則少出錯，常溝通必多暢通。理有不通，雖至理不可行；事有不明，雖好事不能成。

 培訓小故事

最好的溝通方式是親身體驗

IBM 公司的總裁湯瑪士・華生，原本就患有心臟病，有次舊病復發，必須馬上住院治療。

「我怎麼會有時間呢？」華生一聽說醫生建議他住院，立刻焦躁地回答：「IBM 可不是一家小公司呀！每天有多少事情等著我去裁決，沒有我的話……」

「我們出去走走吧！」這位醫生沒有和他多說，開車邀他出去逛逛。不久，他們就來到近郊的一處墓地。

「你我總有一天要永遠地躺在這兒的。」醫生指著一個個墳墓說，「沒有了你，你目前的工作還是會有別人接著來做。你死後，公司仍然還會照常運作，不會就此關門。」

華生沉默不語。

第二天，這位在美國商場上炙手可熱的總裁就向 IBM 的董事會遞上辭呈，並住院接受治療。出院後，他又過著雲遊四海的生

活。而 IBM 也沒因此而倒下，至今依然是舉世聞名的大公司。

　　用事實說話是最好的說服方式。說服別人的最好辦法是讓別人看到直接的結果。

　　溝通中，最好的方式是親身體驗。

心得欄 ------------------------------

第三章

溝通方式遊戲

1 機器人傳訊

◎遊戲目的

比較語言溝通與非語言溝通的不同效果，體驗非語言的傳訊技巧。

◎遊戲人數

10—12 人（多組以比賽形式同時進行）。

◎遊戲時間

60 分鐘。

◎遊戲場地

空地或禮堂。

◎遊戲道具

每組 1 個眼罩、1 張椅子，以及供提取的物件。

◎遊戲步驟

①用粉筆在地上劃兩條相距 10 米左右的平行直線，其中一邊放有椅子（如有 4 組參加便放 4 張）。

②每組選出一人來扮演機器人。

③培訓師指示每組自行商議出 10 個不同的發聲信號（如拍一下手代表前進，拍兩下手代表向左轉等）。

④機器人先坐在椅子上，並戴上眼罩。

⑤培訓師向每組展示將要提取的物件，然後放在活動範圍內的某一處（培訓師亦可擺放其他障礙物來增加難度）。

⑥於限定時間內（30 分鐘），機器人按照隊友發出的信號去提取該指定物件，再返回原位。

⑦遊戲具體規則；

A. 於限定時間內完成任務。

B. 信號只可以是簡單的聲音（拍手聲或模仿動物的叫聲等）。

C. 信號不可用文字代替。

D. 信號不能超過 10 個。

E. 機器人戴上眼罩後便不可作聲。

F. 組員只能以商議好的 10 個信號作為指示。

◎遊戲討論

如何應付外同的影響？組員之間默契嗎？

學會利用非語言溝通方式，以便更加有效地與同事溝通。

要學會用非語言溝通方式來達到更好的溝通效果。

2 化解對抗

◎遊戲目的

化解對抗是一個有利於改善團隊成員之間關係的遊戲。它透過「明智」博士和「愚鈍」博士對人際關係五步模型的闡述，能讓參與者學會更加友善地處理同事關係，對團隊成員的工作狀態改善有指導意義。

1. 使學員理解使用尊敬的和確定的語言的重要性。

2. 使學員掌握這種五步模式的交流方法，自信地與他人交流重要信息，並採用不會使他人心存戒心的方式。

3. 提供一種策略性地表達敵意的技巧。

4. 提高對講授內容的長期記憶，因為它提供了讓學員「反覆消化」的方法。

◎遊戲人數

5～7 人一組

◎遊戲時間

40-45 分鐘

◎遊戲道具

五步對抗模式（見發放材料），貼在白板上，或人手一份。五張題板紙和至少五面旗子

◎遊戲場地

不限

◎遊戲步驟

1. 選擇一個有趣的開場白。讓人們對任何話題都感興趣的一個好辦法，就是把這個話題與他們有強烈感覺的事物聯繫起來。

(1)如許多人對下面這件事有很強烈的感覺——和並不喜歡自己的人一起工作。說明面對這種無法選擇的情況，他們只能採取一些必要措施。

(2)在大多數人心中，至少有兩個對抗「專家」給我們建議。一邊是「愚鈍」博士向你建議一個詳盡的復仇幻想，如果你採納他的建議，用於對抗同事或老闆，最可能發生的是什麼？答案是：使情況惡化。還有另一位專家，他能向你建議一個方法，使你更可能獲得成功。他就是「明智」博士，他會建議你使用面對對抗的一個五步模型。

2. 向學員發放並解釋這個五步模型。

分發品：

```
五步對抗模式：
第一步：描述充滿希望的未來
第二步：詳細地描述問題
第三步：表明這為什麼是一個問題
第四步：提供一個積極的解決辦法
第五步：給將來一個積極的展望
```

(1)第一步：不要描述不快樂的現在，而要描述充滿希望的未

來，你希望消除對抗達到的結果。在這種情況下，你可以說：「我希望我們能夠處好關係，使我們在一起工作時感覺很舒適。」

(2)第二步：詳細地描述問題。例如，你覺得你的同事在其他人面前貶低你，你可以這麼說：「在我們上一次小組會議中，有三次都是我一講話你就立即打斷，你把我關於轉型的想法描述得一文不值。」

(3)第三步：假設那個人並沒有意識到，向他表明，這種行為是一個問題。你應該使你的表述更充實，說：「當你這麼做時，我感到受到了侮辱和輕視。我們好像把太多精力放在互相找茬兒上了，而不是放在工作的目標上。」

(4)第四步：提供一種解決辦法。告訴對方：「如果你不同意我的看法時，我比較喜歡你友好地當面告訴我，以便我能公正地聽取你的反對意見。我希望你能用更加尊重一些的肢體語言，在把我的想法評價為一文不值或是錯誤之前，仔細考慮一下我的想法。」

(5)第五步：給將來一個積極的展望。「如果你能這麼做，我覺得我會更好地支援你的目標和想法。」

3. 邀請一些人描述他們需要直接對抗的經歷（如：當他們採用含蓄的表達方式不能達到效果時）。

4. 把大家分成小組，每組 5～7 個人，給每個小組一張題板紙和一面旗子。

5. 分別分給每個小組上述五個模式中的任意一步。採用剛剛描述的方法，請各個小組提出盡可能多的與這一步相匹配的表達。

6. 在學員開始以前對他們說：

(1)你們還記得我展示的關於「愚鈍」博士的第一個對抗嗎？「愚

鈍」博士也很好地認識到了「明智」博士的五步模式，但他篡改了它的意思，使它適合他自己固執的想法。

(2)「愚鈍」博士以這五步為框架，寫了一本書，但意思卻完全相反。例如：他把第一步翻譯為：描述充滿希望的未來，意味著你說的是「你從我的眼前消失得越快越好。」第二步，詳細地描述問題，意味著「你是一個⋯⋯那也說明了我為什麼會有這個問題！」

(3)當你們開動腦筋的時候，我希望你們也寫出一些來自「愚鈍」博士書中的表達。還有什麼問題嗎？沒有就現在開始！

7. 給各個小組 10 分鐘時間，提出他們的表述。

8. 讓他們在「愚鈍」博士的表述前標一個字母 B。

9. 請各個小組選出他們最好的「愚鈍」博士的表述和「明智」博士的表述。

10. 請每個小組選出一個代表，讓各個小組的代表按順序站到前面。

11. 請他們依次宣讀他們的「明智」博士的表述。這些表述應該連貫在一起，形成一個展示這個模式的系統描述。

12. 請各個代表和大家分享他們的「愚鈍」博士的表述，以便形成一個完整「愚鈍」博士模式，與「明智」博士的五步模型形成對照。

13. 如果還有時間，把寫有全部表述的題板紙貼起來，讓大家大聲朗讀各種表述並討論。

◎遊戲討論

1. 提出那一步的描述最為困難？採用什麼標準來判斷那個最好的表述？

2. 當面對難對付的人時，使用化解對抗的五步模式有什麼好處？

3. 在現實生活中，你將怎樣使用這個模式？

4. 在寫「愚鈍」博士的表述時，感覺如何？能這麼痛快地發洩是否有一絲快感？

5. 我們確實需要發洩。但是，當我們對著那些令我們感到氣憤的人發洩的時候，通常的結果是什麼呢？你覺得透過寫下類似「愚鈍」博士的表述的方式，而不是真正使用它們，是不是也使你的怒氣得到宣洩了呢？

◎遊戲總結

回顧一下你從這個遊戲中獲得的認識，在下次艱難的對話中，你將會如何運用這次所學到方法？如何對待別人，別人也會如何對待自己。人生就像是一面鏡子，不要總是找別人的錯，要學會內省。當然，面對別人的惡意，也要注意控制自己的情緒，實在有必要的話，就開誠佈公地講出來，向對方說明你的感受。

對自己不喜歡的人可以對他用表示友好來調節同對方的關係。

加強團隊默契意識

大雁總是以人字形或一字形的隊形飛行。大雁為什麼要這樣飛呢？有的社會學家曾經從社會學的角度對大雁飛行進行了研究。他們發現大雁的飛行隊形是其有團體意識的表現。他把這一發現叫做「雁行法則」。

大雁們誰也不想有同伴掉隊，如果有同伴掉隊，那麼整個大雁隊伍的飛行力量就會下降，剩下的大雁抵達飛行目的的機會也就隨之下降了。所以隊形前面的大雁在飛行中拍動翅膀，給跟隨其後的同伴創造了有利的上升氣流。隊形後面的大雁不斷地發出鳴叫，給前方的夥伴加油打氣。這種團隊合作的結果，是集體的飛行效率增加了一倍。

從中我們可以得到啟發，公司裏的每一個員工都應該共同「拍動翅膀」，齊飛共進。不單單要能夠達到自己事先定下的目標，完成自己的業績指標，有時候也許還要像大雁一樣給同事以幫助，道理很簡單，幫助別人就是在幫助自己。所以無論團體的遭遇是好是壞，同事之間都應相互幫忙。

3 背後的名堂

◎遊戲目的

讓學員體會「非語言溝通」，訓練學員的信息傳遞技巧。

◎遊戲人數

30 人

◎遊戲時間

20 分鐘

◎遊戲場地

不限

◎遊戲道具

寫有相同句子的紙條 5 張（紙條上的句子應簡短，如「我喜歡你」等）；空白紙條 5 張；筆 5 隻

◎遊戲步驟

1. 將學員分為 10 人一組，各組面朝培訓師排成縱隊，給各組排在最前面的學員每人發一張空白紙條和一隻筆；給各組排在最後面的學員每人發一張帶句子的紙條，紙條上的句子只有他自己能看到，不能讓別人看到，更不能把句子直接告訴其他人。

2. 培訓師宣佈遊戲規則，開始遊戲。遊戲開始後，所有學員均不得說話，也不得扭頭往後看。

3. 遊戲任務是：各組排在最後面的學員要將自己看到的句子透

過後背寫字的方式告訴前面一位學員，前面一位學員透過同樣的方式往前傳遞信息，直到傳遞到排在最前面的那位學員（培訓師要建議學員一個字一個字地往前傳遞）。

4. 最前面的學員要把後面學員在自己後背上寫的信息記錄在空白紙條上；一旦信息全部記錄完畢，要馬上把寫好的紙條交給培訓師；用時最短且與原信息最接近的小組獲勝。

5. 遊戲結束後，培訓師組織學員進行問題討論。

◎遊戲討論

1. 作為獲勝組，你們成功的經驗是什麼？

2. 在信息傳遞過程中，如果有疑問，你如何表示你的疑問？

 培訓小故事

傾聽知道要吃啥

一天，貓媽媽對自己的孩子說：「孩子，你現在已經長大了，再過一段時間就要獨自去找東西吃了。」

小貓惶恐地問媽媽：「媽媽，我應該吃什麼東西呢？」

貓媽媽說：「這樣吧，這幾天晚上，你躲在一些合適的地方，仔細傾聽人們的談話，到時你就明白了。」

第一天晚上，小貓躲在角落裏，聽到一個大人對孩子說：「寶貝，把魚和牛肉放在冰箱裏，貓可愛吃這些東西了，別讓那只貓給叼走了。」

第二天晚上，小貓躲在陶罐邊，聽見一個女人對男人說：「老公，記得把香腸、臘肉掛在房梁上，儘量掛高一點，別讓小貓偷吃了。」

第三天晚上，小貓躲在屋頂上，從窗戶看到一個婦人對自己的孩子說：「乳酪、魚吃剩了，要記得收好，貓的鼻子可靈了，若不收拾好的話，明天就成它的美餐了。」

就這樣，小貓日漸知道了自己應該吃什麼食物了。

傾聽不僅僅意味著坐在那裏被動地接收對方傳遞的信息，你還應該學會從其中獲取有效的信息。學會傾聽就學會了一項生存的技巧。傾聽可以為你打開一片新的視野，有助於提高你的能力。

4 以訛傳訊

◎遊戲目的

在這個遊戲中，每個團隊成員都要參與集體的溝通，而有效溝通和無效溝通就會產生不一樣的結果。在工作中也是如此，如果溝通時不講究方式、方法和技巧，很容易導致誤解的產生。為依靠傳達者、收受訊息者雙方體驗，創造更具效率的集體溝通。

◎遊戲人數

60人，平均分為4組

◎遊戲時間

約 10 分鐘

◎遊戲道具

紙張、簽字筆

◎遊戲場地

不限

◎遊戲步驟

1. 將隊員分為 4 組，每組 15 人，分別排成 4 個縱隊。

2. 由培訓人員將常見的 4 句話分別告訴每個組的第一個成員，並由每組的第一個成員向第二個成員轉達自己聽到的信息。在轉達時，信息的接聽者不許說話，聽到後再傳達給第三個成員，以此類推。

3. 每組的最後一個成員將自己聽到的信息寫在紙上，交由培訓人員。

4. 培訓人員念出紙條上的答案，並讓每組的第一個人說出剛開始的答案，看是否存在誤差。

5. 儘量找一些容易出錯的語句，如可以是問句「你姓胡嗎？」信息接收者便很容易聽成是「你幸福嗎？」

6. 在傳遞信息時，必須以耳語的方式，不能使第三個人聽到。

7. 信息接收者在聽到後不能確認，也就是說不能詢問和反問信息傳達者「是 XX 嗎？」

◎遊戲討論

1. 團隊溝通傳遞時更重要的是懂得去體諒對方，同樣的，身為被傳達者也應以觀察推測的態度，設想傳達者究竟想要表達的是什

麼,而試圖去瞭解其表現。在溝通中產生的所謂團隊過程,可以作為應用於工作崗位上的參考和心得。

2.在溝通的過程中,信息的確認和回饋很重要,在這個遊戲中,正是因為不允許給予信息傳遞反覆確認和回饋的機會,才加大了溝通誤差產生的可能性。

◎遊戲總結

良好的溝通是雙向的,既要求信息傳達著清晰、明瞭地傳達信息,又要求信息的接受者高效接受並回饋信息。

培訓小故事

微笑服務態度變

飛機起飛前,一位乘客請求空姐給他倒一杯水吃藥。空姐很有禮貌地說:「先生,為了您的安全,請稍等片刻,等飛機進入平穩飛行後,我會立刻把水給您送過來,好嗎?」

15分鐘後,飛機早已進入了平穩飛行狀態。突然,乘客服務鈴急促地響了起來,空姐猛然意識到:糟了,由於太忙,她忘記給那位乘客倒水了!當空姐來到客艙,看見按響服務鈴的果然是剛才那位乘客。她小心翼翼地把水送到那位乘客跟前,面帶微笑地說:「先生,實在對不起,由於我的疏忽,延遲了您吃藥的時間,我感到非常抱歉。」

乘客抬起左手,指著手錶說道:「怎麼回事,有你這樣服務

的嗎？」

空姐手裏端著水，心裏感到很委屈，但是，無論她怎麼解釋，這位挑剔的乘客都不肯原諒她的疏忽。

接下來的飛行中，為了補償自己的過失，每次去客艙給乘客服務時，空姐都會特意走到那位乘客面前，面帶微笑地詢問他是否需要水，或者別的什麼幫助。然而，那位乘客余怒未消，擺出一副不合作的樣子，並不理會空姐。

臨到目的地前，那位乘客要求空姐把留言本給他送過去，很顯然，他要投訴這名空姐。此時空姐心裏雖然很委屈，但是仍然顯得非常有禮貌，她面帶微笑地說道：「先生，請允許我再次向您表示真誠的歉意，無論您提出什麼意見，我都將欣然接受。」

那位乘客臉色一緊，卻沒有開口，他接過留言本，開始在本子上寫了起來。

等到飛機安全降落，所有的乘客陸續離開後，空姐本以為這下完了，沒想到，等她打開留言本，卻驚奇地發現，那位乘客在本子上寫下的並不是投訴信，相反，這是一封熱情洋溢的表揚信。

是什麼使得這位挑剔的乘客最終放棄了投訴呢？在信中，空姐讀到這樣一句話：「在整個過程中，你表現出的真誠的歉意，特別是你的 12 次微笑，深深打動了我，使我最終決定將投訴信寫成表揚信！你的服務品質很高，下次如果有機會，我還將乘坐這趟航班！」

真誠的微笑可以撲滅憤怒的火焰，笑容是內心的真誠在面部的體現，發自內心的微笑才能征服顧客的心。

知錯能改不算晚，亡羊補牢未為遲。發現自己的過失時要及時與顧客真誠地溝通，以取得顧客的諒解。

5 聽我口令

◎遊戲目的

讓學員體會單向溝通的局限性，訓練學員進行雙向溝通。

◎遊戲人數

8 人

◎遊戲時間

40 分鐘

◎遊戲場地

操場或空地

◎遊戲道具

兩組完全相同的磚塊(每組 50 個，最好將磚塊塗上不同的顏色，以增加混亂度)；每名學員一副手套(搬磚用)。

◎遊戲步驟

1. 培訓師佈置遊戲場地。培訓師用一組磚塊構建一個模型，安置在學員看不到的「隔離區」；在「隔離區」聽力所及的不遠處隨意堆放另一組磚塊。(兩組磚塊間最好有障礙物隔開，例如一堵牆。)

2. 從學員中選擇一位志願者，把他帶到「隔離區」的磚塊模型

那裏（不能讓他看到第二組磚塊），把其他學員帶到隨意堆放的磚塊那裏（不能讓他們看到磚塊模型）。站在磚塊模型旁邊的志願者要指導其他學員建造一個結構完全一樣的模型。全過程中其他學員只能聽從志願者的指揮，不能發問，也不許相互交流（全過程只有志願者一人說話）。

3. 模型搭建完成後，讓大家對比兩個模型。

4. 重覆遊戲，這次允許雙向溝通，學員可以發問。

5. 遊戲結束後，培訓師組織學員進行問題討論。

◎遊戲討論

1. 兩次遊戲中那一次的結果更令人滿意？為什麼？

2. 大家如何認識單向溝通和雙向溝通？

3. 在工作中，我們應該如何避免單向溝通而多用雙向溝通？

培訓小故事

狼性法則

　　在自然界的眾多生物中，狼是一種相對弱小的物種，它們既沒有獵豹的速度，也沒有獅子的力量，但在蒙古草原上所有的猛獸都被狼群驅逐出草原，任何動物遇到狼群都會害怕，這是為什麼？它們憑藉的就是狼群各個成員之間的默契配合和相互協作。

　　狼屬於群居動物，通常情況下它們都是集體捕食的。在捕食的過程中，它們常採用單列行進的方式，一匹挨一匹，強壯有力

的領頭狼居於隊首，它作為開路先鋒，率先在鬆軟的雪地上衝開一條小路，讓狼群的其他成員輕鬆通過。這樣做的好處是能讓後邊的狼保存體力，當領頭狼累了時，就可以讓到一邊，讓緊跟在身後的那匹狼接替它的位置，而它就可以跟在隊尾，養精蓄銳，準備迎接新的挑戰。狼群在圍獵時，它們有著嚴格的戰術和作戰紀律，每隻狼都有自己的任務，任何狼都不能擅離職守。例如有些狼要做先鋒，先去騷擾獵物；有的狼跑得快，則去圍追堵截；強壯的狼去獵殺強壯的獵物；弱小的狼去獵殺相對弱小的獵物；當狼群中有幼崽出生的時候，還需要有專門的保姆，等等。總之，每一隻狼不論職責大小，它們都在狼群中扮演著至關重要的角色，為了整個群體的幸福而承擔了一份責任。

從狼的團隊精神得到這樣的啟示：公司的每個員工在工作中都要培養良好的默契性，所有的活動都要圍繞一個共同的目標展開。與此同時，團隊的各個部份，甚至每個人都是相對獨立的，我們必須清楚自己的目標和任務，能夠獨當一面。在完成自己的崗位職責的同時，還要具有「補位」精神，就像緊跟在頭狼身後的那只狼一樣，適時地幫助自己的同事一把，只有這樣，才能讓自己以及自己所在的團隊獲得長足的進步。

6 表情大賽

◎遊戲目的

提高學員的非語言溝通能力，讓學員學會透過表情進行溝通。

◎遊戲人數

不限

◎遊戲時間

15 分鐘

◎遊戲場地

不限

◎遊戲道具

無

◎遊戲步驟

1. 培訓師告訴學員：面部表情是與人溝通的重要方式。

2. 培訓師宣佈遊戲規則，讓學員依次到前面來做表情，開始遊戲。

3. 全體學員要進行面部表情大賽，看誰做出的面部表情又多又好；每名學員至少要做出歡喜、憤怒、悲傷、恐懼、驚奇、沉思、焦慮、疲憊八種表情。

4. 遊戲結束後，培訓師組織學員進行問題討論。

◎遊戲討論

1. 你覺得自己能做出多少種表情？遊戲開始前，你是否有信心完成那八種表情？

2. 你對自己的表現滿意嗎？

3. 你覺得這個遊戲是否有助於提高自己的溝通能力？

7 屬相分組

◎遊戲目的

· 讓學員體會「非語言溝通」。

· 訓練學員的團隊溝通能力。

◎遊戲人數

45 人

◎遊戲時間

25 分鐘

◎遊戲場地

不限

◎遊戲道具

無

◎遊戲步驟

1. 讓學員以特別的方式逐個報出自己的屬相。報自己的屬相

時，只能用動物的肢體動作或聲音表達，任何人類的語言都是被禁止的。

2. 要求學員迅速與自己屬相相同的人站到一起。請每個學員說出自己的屬相，看看誰錯了。

3. 按照屬相將學員分組，組與組之間按照成語合併。小組按照成語合併，如雞飛狗跳、龍騰虎躍等；與其他小組合併最多的小組獲勝。

4. 遊戲結束後，培訓師組織學員進行問題討論。

◎遊戲討論

1. 用肢體語言溝通時，大家有什麼感覺？

2. 在團隊中，我們應該如何看待「非語言溝通」的意義？

培訓小故事

耐心傾聽解抱怨

幾年前，紐約電話公司碰到了一個對接線員大發脾氣的用戶，他說要他付的那些費用是敲竹槓。這個人怒火滿腔，揚言要把電話線連根拔掉，並且到處申訴、告狀。最後，電話公司派了位最幹練的「調解員」去見那位無事生非的人。這位「調解員」靜靜地聽著，讓那個暴怒的用戶淋漓盡致地發洩，不時說「是的」，對他的不滿表示同情。

「他滔滔不絕地說著，而我洗耳恭聽，整整聽了３個小時。」

這位「調解員」後來對別人說道,「我先後見過他四次,每次都對他發表的論點表示同情。第四次會面時,他說他要成立一個『電話用戶保障協會』,我立刻贊成,並說我一定會成為這個協會的會員。他從未見到過一個電話公司的人同他用這樣的態度和方式講話,他漸漸地變得友善起來。前三次見面時,我甚至連同他見面的原因都沒有提過,但在第四次見面的時候,我把這件事圓滿地解決了。他所要付的費用都照付了,同時還撤銷了向有關方面的申訴。」

傾聽是解決問題的前奏,善意的傾聽不但能平息顧客的抱怨,還能改善與顧客的關係。

有時候客戶的抱怨只是想找一個傾聽者,這時,表示同情並認真傾聽是最好的溝通態度。

在處理客戶的抱怨或投訴過程中,要學會並善於傾聽客戶的談話,以尋求合適的方法解決客戶提出的問題。

心得欄

8 獎金競爭

◎遊戲目的

1. 運用競爭和獎金機制來激勵學員在學習過程中積極參與。

2. 對整個小組進行測驗。

◎遊戲人數

將全體學員分成 2 個組

◎遊戲時間

15～20 分鐘

◎遊戲道具

事先準備好的列表及白板

◎遊戲場地

室內

◎遊戲步驟

1. 選擇一組學員已經學習過的項目知識(如新產品的特性,或一台機器的組成部份等等)進行測試。

2. 將這些項目摻雜一些錯誤項目並列寫在兩塊白板上,同時列印出來分發給每位學員。

3. 讓兩個小組各選出一名組員。他們的任務是分別在兩塊白板上尋找正確的項目並在其後打「√」(白板背對學員)。

4. 其他組員則在自己的紙上做同樣的工作。

5. 一段時間後停止。

6. 將白板同時轉向所有組員，要求組員指出白板上的錯誤答案。

7. 每正確指出一個錯誤答案，組員可得到一元獎勵。

8. 白板上錯誤最少的小組為獲勝小組，每位組員可得到十元的獎勵。

9. 同樣的測試可以穿插於整個教學過程中，多次進行。

10. 為了增進學員間的友情，可以讓「獲勝者」用獎金請「失敗者」吃冷飲。

注意：

1. 在白板上作選擇的隊員負有決定小組勝敗的責任，所以在該隊員的選擇上要慎重。

2. 需要各成員積極發言以指正白板上的錯誤。

◎ 遊戲討論

1. 你對自己辨認正誤的測試結果是否滿意？

2. 你認為本組勝利或失敗的原因在那裏？

3. 如果你代表本組在白板上做題，你認為你所在的小組是否能勝出？為什麼？你的感受如何？

◎ 遊戲總結

對知識掌握程度如何是本遊戲能否取勝的重要條件。

可以讓兩個小組的每位成員都在白板上回答一個題，並分別由對方小組成員糾錯。

培訓小故事

他人意見不可少

　　小張被公司委派到一個地方去開發當地市場，他很快便擬定了一份市場開發方案。開會時，當他把自己的方案講解了一遍後，員工對此提出了一些疑問和建議，而他自認為自己負責市場開發這麼多年了，已有足夠的勝算確保此次任務的全面完成，於是他並未採納員工的建議，堅持說不用再討論了。結果，公司在付出了巨大的財力、物力、人力後，最終無功而返。

　　公司新安排的小劉，同樣負責開發這片市場，小劉在進行必要的市場調查及其他相關工作的基礎上制定了實施方案。

　　會上，他請大家對自己擬定的市場開發方案進行討論，員工積極地發表了自己的看法。小劉吸收了一些好的建議，並完善了方案。很快，公司就在該片市場上取得了階段性的成功。

　　海納百川，有容乃大，善於聽取別人的意見，並不表明自己的水準低，反而能給人留下謙虛好學的印象。

　　管理者只有善於傾聽下屬的意見，並對其合理的部份加以採納，才能成功地實現既定目標。

9 機器人

◎遊戲目的

· 讓學員體驗非語言溝通。

· 增強學員的非語言溝通能力。

◎遊戲人數

40 人

◎遊戲時間

30 分鐘

◎遊戲場地

操場或空地

◎遊戲道具

眼罩 4 副；椅子 4 把；供提取的物件

◎遊戲步驟

1. 將學員分為 4 組，每組選出一人扮演機器人。在地上畫出兩條相隔 10 米的平行直線，其中一邊放上 4 把椅子，各組機器人在 20 分鐘內按照本組成員的提示取到物件並返回原位。讓各組的機器人坐到椅子上，並蒙上眼睛，培訓師將供提取的物件放在場地中。

2. 各組信號只能用簡單的聲音（如拍手讓各組的機器人坐到椅子上，並蒙上眼睛聲、模仿動物的叫聲等），不能用文字類信息（如「前進」、「stop」等），信號不能超過 10 個。各組用 5 分鐘時間商

定本組的信號。

3. 培訓師宣佈遊戲規則，開始遊戲。機器人從開始到遊戲結束，始終不能說話。

4. 遊戲過程中要注意「機器人」的安全。需要提取的物件不宜過重。場地中可以設置一些障礙物，以增加遊戲的難度。

5. 遊戲結束後，培訓師組織學員進行問題討論。

◎遊戲討論

1. 當無法直接用語言表達信息時，大家有什麼感覺？

2. 你們組是怎樣選擇信號的？

3. 作為機器人，你怎樣在很短的時間內記住 10 個信號？

培訓小故事

螞蟻的團隊行為

一隻螞蟻如果發現了一堆食物，它不會盲百地去拖，而是會很快回到蟻穴，報告自己的團隊，然後帶領自己的團隊合力完成食物的搬運。這種行為本身就是一種團隊意識的外在表現，對於加強我們的團隊意識有著很大的幫助。

螞蟻是自然界最為團結的動物之一，一隻螞蟻的力量確實微不足道，但 100 萬隻甚至更多的螞蟻組成的軍團則可以將一頭大象在短時間內啃成一堆白骨。可是如果只有一隻螞蟻，那麼它幾乎什麼都做不了，所以任何一隻螞蟻發現大塊食物的時候，不是

自己想辦法拖走，而是回家報信，尋求大家的幫忙。螞蟻之所以有這樣的行為，是因為它們知道自己的力量是薄弱的，只有大家通力合作，才能把食物拖回家。這個時候，逞能是沒有任何意義的。

　　從中我們可以得到這樣一個啟示：在一個團隊裏，對於任何一個人來說都是一隻力量單薄的螞蟻，要完成一件艱巨的任務，只能靠團隊的力量，否則將困難重重。

10 信息接力

◎遊戲目的

讓學員體會到合理有序溝通管道的重要性，讓學員正確使用肢體語言。

◎遊戲人數

40 人

◎遊戲時間

30 分鐘

◎遊戲場地

教室

◎遊戲道具

畫有不同動物圖像的卡片(如虎、蛇、雞、狗、貓)；黑板；粉

筆

◎ 遊戲步驟

1. 將學員分成八人一組，各組面向講台排成縱隊。培訓師到各組隊伍後面，各組排在隊尾的學員到培訓師那裏抽取一張卡片。只有領取卡片的學員才能看卡片上的動物，其他人不能看。

2. 培訓師宣佈遊戲任務。抽取卡片的學員看到卡片上的動物後，要透過肢體語言（不能發出任何聲音）告訴他前面的學員自己看到的動物；前面的這位學員明白了他的意思後，也要透過同樣的方式再往前傳遞信息，依此類推，直到傳遞到隊伍最前面的學員那裏，最後由最前面的這位學員把自己理解的動物名稱寫到黑板上。

3. 在信息層層傳遞的過程中，只有接受信息的人可以轉身向後看（他要看後面學員的肢體語言），其他學員都要面朝前方，並且要保持靜止不動。

4. 在遊戲過程中，任何人都不得說話，最後，最先將傳遞信息寫到黑板上並且結果正確的小組獲勝。

5. 遊戲結束後，培訓師組織學員進行問題討論。

◎ 遊戲討論

1. 作為獲勝的小組，你們的成功經驗是什麼？

2. 如果你們出錯了，出錯的環節在那裏？

3. 大家應當如何正確地使用肢體語言？

培訓小故事

引導員工之間保持高效溝通

植樹節那天，某主管去視察植樹的情況。當他走到一條馬路上，發現有兩人的行為很奇怪：一個人在前面挖坑，一個人在後面埋坑，唯獨不見栽樹。主管很疑惑，就過去問他們：「你們一個挖坑，一個埋坑，折騰一番究竟是為什麼？你們不是在植樹嗎？」那兩個人回答說：「對啊，我們是在植樹，而且是按照植樹流程來操作：一個人挖坑，一個人種樹，一個人埋坑。只是，今天負責種樹的人沒來。」

種樹的人沒來，員工難道不可以給那位植樹的人打電話詢問情況，或向上級反映情況，讓上級再派一名員工來植樹？或者說，挖坑、埋坑的人為什麼不及時補位，將植樹的工作做了，保證順利完成植樹任務？由此可見，在溝通問題上管理者不能只是期望員工自覺，而要事先解決好溝通方面的問題，給員工建立一條溝通和反映問題的管道，以便自己及時瞭解實際情況，及時調整和安排工作。

管理者的身份，決定了他們不能只顧自己，還要兼顧團隊。在自己做好溝通的基礎上，還應該積極地引導員工之間實現信息互通。這樣便於員工之間協調工作，避免員工有問題就找主管，搞得主管疲於協調員工之間的工作。

11 囚犯的困境

◎遊戲目的

體會溝通在競爭中的作用。

◎遊戲人數

全體參與

◎遊戲時間

30～50 分鐘

◎遊戲道具

標有 X、Y 的紙牌

◎遊戲場地

室內

◎遊戲步驟

1. 每 4 人一組，每人手裏拿著標有 X、Y 標記的紙牌各一張。

2. 進行 10 局選擇。每人出 X 或 Y，根據如下記分規則進行記分並將此規則列印出來發給學員：

4X 每人輸 1 元	1Y 每人輸 3 元
3X 每人輸 1 元	2Y 每人輸 2 元
2X 每人輸 2 元	3Y 每人輸 1 元
1X 每人贏 1 元	4Y 每人贏 1 元

3. 分別於遊戲的第 3 次和第 6 次開始前有 30 秒時間進行溝

通，其餘的過程當中不允許說話。

4. 培訓人員在遊戲結束之後分析學員的遊戲過程，講解類似前文《囚犯的困境》遊戲。

培訓人員的紙牌遊戲記分規則如下：

記分卡

回合	你的選擇	群體的選擇	支付	備註
1	X　Y	X　Y		
2	X　Y	X　Y		
3	X　Y	X　Y		
4	X　Y	X　Y		
5	X　Y	X　Y		獎金支付×3 倍
6	X　Y	X　Y		
7	X　Y	X　Y		
8	X　Y	X　Y		獎金支付×3 倍
9	X　Y	X　Y		
10	X　Y	X　Y		獎金支付×3 倍

◎遊戲討論

1. 在遊戲一開始大家是否處於亂出牌的境況？

2. 溝通之後開始的遊戲裏大家是否已經達成了統一，開始向對所有人都有利的方向前進？

◎遊戲總結

同競爭對手進行必要的溝通、合作是贏得遊戲關鍵。

培訓小故事

沒有聽完怎能笑

某電視欄目上，主持人採訪一名小孩。

主持人：「小朋友，你長大後想做什麼呀？」

「我想當飛機駕駛員。」小孩回答道。

「如果有一天，你駕駛的飛機在高空中飛行，不幸的是所有引擎都熄火了，你會怎麼辦呢？」主持人接著問道。

「我會告訴乘客，讓他們都掛好安全帶，然後我掛上我的降落傘跳下去。」小孩回答說。

小孩的回答引得現場的觀眾大笑。

主持人繼續注視著這孩子，發現這孩子流出了兩行熱淚，主持人感覺到這孩子的悲憫之情非筆墨可以形容，於是繼續問道：「為什麼要這樣做呢？」

小孩很真摯地回答道：「我要去取燃料，然後再回來。」

在傾聽時如果過多地打斷別人的說話，不但讓別人感覺到不被尊重，而且也會影響自己做出正確的判斷。

管理者與下屬保持暢通的溝通，能夠及時糾正管理中的不當之處，做出更加切實可行的決策。

12 溝通才能雙贏

◎遊戲目的

1. 使學員深刻領會雙贏的真諦和雙贏的重要作用。

2. 使學員在合作中能本著雙贏的理念，達到雙贏的理想結局。

◎遊戲人數

4～8 人一組

◎遊戲時間

10～15 分鐘

◎遊戲道具

計分標準的掛圖或幻燈片，計分表每組一份

◎遊戲場地

不限

◎遊戲步驟

1. 把學員分成 2 組或 4 組，每組不超過 8 人不少於 4 人，每兩組進行遊戲。如分 A、B 和 C、D。

2. 出示計分標準。

3. 請每組成員在充分考慮計分標準後，經過討論決定本組選擇紅或藍，並寫在計分表上，把計分表交給培訓人員。

4. 由培訓人員宣佈雙方的選擇結果，並按結果為每一組計分。如 A 組選擇紅，B 組選擇藍，則 A 組得-6 分，B 組得+6 分；如 A

組選擇紅，B 組也選擇紅，各得+3 分。

5. 遊戲持續進行 10 輪，在第 4 輪和第 8 輪結束時，雙方可作短暫溝通，但只有雙方都提出這種要求才行，其他時間雙方不能作任何接觸，位置保持一段距離。

6. 第 9、10 輪計分加倍。

7. 總分為正值的小組為贏家，負分為輸家，兩者均是正值為雙贏。兩組均為負分，沒有贏家。

◎遊戲討論

1. 計分標準有什麼特點？在確定選擇之前，你們是否充分考慮過這種特點可能帶來的結局？

2. 如果每個小組都想自己贏，這種結局可能實現嗎？

3. 當計分表上的計分不太理想時，你們是否考慮過其中的原因？是否想到要與另一組進行溝通？

◎遊戲總結

1. 計分標準的規律已經限定了兩組之間的競爭結局，即只有共贏、共輸或一贏一輸三種情況，所以最理想的結局是大家雙贏。

2. 如果相互間一定要爭個你死我活，或者講定合作又違背諾言，那麼結果要麼是一正一負，要麼是雙負——都會存在結局為「負」的風險。

3. 在經過兩輪遊戲後，相對的兩組已經意識到如果放棄獨贏的概念，大家合作，商定相互間的選擇，那麼大家都可以得到正值，所以有些小組會在 4 輪結束時馬上和對方溝通。

4. 儘管人們習慣於獨贏的成就感，但是這個世界上比你聰明的人有的是，與其冒著失敗的風險去追求獨贏，不如與他人一起分享

勝利。

5. 與其冒著失敗的風險去追求獨贏，不如與對手一同分享勝利的喜悅。雙贏才是最明智的選擇。

6. 可以對首先失信的一隊進行懲罰，告誡他們工作中誠信是不能丟掉的，否則等於「搬石頭砸自己的腳。」

培訓小故事

海豚的團隊合作現象

　　海豚在捕食的時候，它們經常集合成小團隊的分批出獵，每一團隊多至 20 個列隊，成扇形出發，掃描著前方的海域尋找魚群。偶爾，海豚會不費力地躍出水面，以偵察海鳥的蹤跡。因為海鳥總是伴隨著魚群，也以魚群為食。然後，海豚弓著背躍回隊伍的排頭，俐落地切入水中。若是偵察出獵物的位置，海豚就吵吵嚷嚷地跳躍著，或是以側邊逆行，或是做肚皮擊水動作把魚群圍起來，並趕至水面上。它們的圍堵像牆一般堅固，魚群插翅難逃，它們的跳躍噴濺，也引來其他海豚團隊。有些海豚會和其他種類的海豚聚合。

　　熱帶深水海域的陀螺海豚會與斑紋海豚共棲，它們遠離陸地，得時時警戒著海中的鯊魚。在夜晚，陀螺海豚積極出獵，因此能注意到危險；白天，由斑紋海豚換班來做警戒工作。正是因為海豚這個龐大團隊的密切配合，它們總是最少地遭遇到攻擊。

團隊之間的合作，不僅是大家有一個共同的目標，相互配合，而且還要求團隊成員之間要相互明確責任，做好團隊分工。只有大家都做好各自份內的事情，團隊的任務才能完成，目標才能實現。

心得欄 _____

_____

_____

_____

_____

_____

第 四 章

提昇情商遊戲

1 影響成功的因素

◎遊戲目的

讓學員更深刻地認識自己，瞭解影響成功的因素。

◎遊戲人數

30 人

◎遊戲時間

15 分鐘

◎遊戲場地

不限

◎遊戲道具

測試題（見附件）

◎遊戲步驟

1. 培訓師告訴學員影響成功的 7 個關鍵因素

①健康的心理；

②健康的身體；

③人際交往能力；

④足夠的財力支持；

⑤明確的人生目標：

⑥客觀的自我認知：

⑦自我實現的渴望程度。

2. 培訓師告訴學員，現在將分析他們在這 7 個方面的現狀。

3. 將測試題發給學員，每人一份，並講明填寫規則。學員開始答題。測試題中的 1～10 等數字代表學員對該項因素的具備程度，「1」表示最差的狀態，「10」表示最理想的狀態。學員按照自己具備的程度選擇數字，用圓圈圈起來，再以「√」選中數字表示自己期望達到的程度。橫線空白處需要學員填上自己的真實感受。

4. 學員完成後，給他們一點討論時間，讓其各自分析自己的情況。

5. 培訓師組織學員進行問題討論。

◎遊戲討論

1. 這些問題對於你認識自己是否有所幫助？

2. 你如何看待這 7 個因素？如果具備了這 7 個因素，你是否覺得自己能夠更加成功？

附件　測試題

1. 恐懼感、壓力、憂慮等消極因素對你的影響

（影響非常大）1　2　3　4　5　6　7　8　9　10（影響幾乎沒有）

a. 你在什麼樣的情況下能以平和的心態，面對自己所處的環境？

_____

b. 你最喜歡怎樣的環境氣氛？

_____

c. 你是否清楚怎樣做才能讓自己的心理保持健康？

_____

2. 你身體的健康程度

（經常生病）1　2　3　4　5　6　7　8　9　10（健壯，活力四射）

a. 你的那些習慣對你保持健康有著十分重要的作用？

_____

b. 你的那些習慣在損害著你的健康？

_____

c. 從現在起，你準備採取怎樣的措施來提高自己的健康程度？

_____

3. 你的人際交往能力

（沒有任何朋友，很孤單）1 2 3 4 5 6 7 8 9 10（有很多密友，沒有孤獨感）

a. 與你關係最密切的人是誰？原因是什麼？

_____

b. 與你關係最不好的人是誰？原因是什麼？

4. 你的財力雄厚程度

（經常感到缺錢用）1　2　3　4　5　6　7　8　9　10（從不擔心錢不夠用）

a. 你現在的年收入是多少？

_____

b. 你希望若干年以後能收入多少？

一年後_____　　二年後_____

三年後_____　　五年後_____

c. 從現在開始，你準備採取怎樣的行動，為自己掙得足夠用的錢？

_____

5. 你人生目標的明確程度

（沒有目標）1　2　3　4　5　6　7　8　9　10（目標非常清晰）

a. 你現在最想實現的目標是什麼？

_____

b. 你怎樣來實現這個目標？

_____

c. 阻礙你實現目標的最大因素是什麼？

_____

6. 你自我認知的客觀程度

（完全不瞭解自己）1　2　3　4　5　6　7　8　9　10（對自己的認識非常清楚和到位）

a. 你覺得你的那種性格特質決定了你今天的成績？

_____

b. 你覺得自己的那項短處阻礙著你個人的成長與進步？

c. 如果你把自己的人生寫成小說，你希望這部小說叫什麼名字？為什麼？

d. 你希望別人用那一個字來概括你？

7. 你自我實現的渴望程度

　（沒有任何渴望）1　2　3　4　5　6　7　8　9　10（強烈渴望自我實現）

a. 你如何理解個人的自我實現？

b. 你最滿意自己在工作中那方面的表現？

c. 為了讓自己生活得更好，從現在開始你準備採取怎樣的行動？

培訓小故事

猴王演講智慧高

　　有一次，猴王正在某個公開場合演講，有張紙條從台下傳上來，上面只寫了兩個字「笨蛋」。

　　猴王一看便知道台下有反對它的人等著看自己出醜，便神色從容地向大家說道：「剛才我收到一張紙條，可惜我只看到署名，看來對方忘記寫具體內容了。」

　　在處理危機或他人的挑釁時，智慧是最有效的武器。成功的人往往不是最聰明的，而是能夠控制自己情緒的人。控制自己的情緒，你才能更好地運用自己的智慧。

2 運用觀察力，找出蘋果

◎遊戲目的

· 培養學員對他人特點的觀察能力。

· 讓學員認識到只有先認識他人的特點才能進行有效溝通。

◎遊戲人數

20 人

◎遊戲時間

30 分鐘

◎遊戲場地

教室

◎遊戲道具

20 個蘋果

◎遊戲步驟

1. 發給每位學員一個蘋果,讓學員仔細觀察自己的蘋果,記住自己蘋果的特點,但不可以在上面做記號。

2. 將所有蘋果收回並打亂混放在一起,讓學員認領自己的蘋果。

3. 遊戲結束後,培訓師組織學員進行問題討論。

◎遊戲討論

1. 你在認領自己的蘋果時,有多大把握?

2. 為什麼有時候我們認人時遠沒有認蘋果時快?

3. 透過這個遊戲,我們應該學會那些溝通原則?

3 測試你的情商指數

◎**遊戲目的**

讓學員認清自己的情商現狀，瞭解學員的情商(EQ)水準。

◎**遊戲人數**

不限

◎**遊戲時間**

30 分鐘

◎**遊戲場地**

室內

◎**遊戲道具**

每人一份情商測試題(見附件)；筆

◎**遊戲步驟**

1. 將情商測試題發給學員每人一份，學員開始做題，時間為 25 分鐘。

2. 計算每名學員的得分，培訓師組織學員進行問題討論。

◎**遊戲討論**

1. 你對最後的得分怎樣看待？覺得它符合你的情商現狀嗎？

2. 大家覺得應該怎樣提高情商水準？有沒有可行的辦法或方案？

3. 如果讓你為自己做一份情商改進計劃，你會如何做？

附件　情商測試題

本套測試題共 33 題，測試時間 25 分鐘，最高 EQ 為 174 分。

第 1～9 題：請從下面的問題中選擇一個和自己最符合的答案，但要盡可能少選中性答案。

1.我有能力克服各種閑難：（　　）

A.是的　　　　　B.不一定　　　　C.不是的

2.如果我能到一個新的環境，我要把生活安排得：（　　）

A.和從前相仿　　B.不一定　　　　C.和從前不一樣

3.一生中，我覺得自己能達到我所預想的目標：（　　）

A.是的　　　　　B.不一定　　　　C.不是的

4.不知為什麼，有些人總是廻避或冷淡我：（　　）

A.不是的　　　　B.不一定　　　　C.是的

5.在大街上，我常常避開我不願打招呼的人：（　　）

A.從未如此　　　B.偶爾如此　　　C.有時如此

6.當我集中精力工作時，假使有人在旁邊高談闊論：（　　）

A.我仍能專心工作　B.介於 A、C 之間　C.我不能專心且感到憤怒

7.我不論到什麼地方，都能清楚地辨別方向：（　　）

A.是的　　　　　B.不一定　　　　C.不是的

8.我熱愛所學的專業和所從事的工作：（　　）

A.是的　　　　　B.不確定　　　　C.不是的

9.氣候的變化不會影響我的情緒：（　　）

A.是的　　　　　B.介於 A、C 之間　C.不是的

第 10～16 題：請如實回答下列問題，將答案填入右邊橫線處。

10. 我從不因流言蜚語而生氣：（　　）

　　A. 是的　　　　　B. 介於 A、C 之間　　　　C. 不是的

11. 我善於控制自己的面部表情：（　　）

　　A. 是的　　　　　B. 不太確定　　　　　　C. 不是的

12. 在就寢時，我常常：（　　）

　　A. 極易入睡　　　B. 介於 A、C 之間　　　　C. 不易入睡

13. 有人侵犯或打擾我時，我：（　　）

　　A. 不露聲色　　　B. 介於 A、C 之間　　　　C. 大聲抗議，以洩己憤

14. 在和人爭辯或工作出現失誤後，我常常感到震顫、精疲力竭，而不能繼續安心工作：（　　）

　　A. 不是的　　　　B. 介於 A、C 之間　　　　C. 是的

15. 我常常被一些無謂的小事困擾：（　　）

　　A. 不是的　　　　B. 介於 A、C 之間　　　　C. 是的

16. 我寧願住在僻靜的郊區，也不願住在嘈雜的市區：（　　）

　　A. 不是的　　　　B. 不太確定　　　　　　C. 是的

第 17～25 題：在下面問題中，請選擇一個和自己最符合的答案，同樣儘量少選中性答案。

17. 我被朋友、同事起過綽號、挖苦過：（　　）

　　A. 從來沒有　　　B. 偶爾有過　　　C. 這是常有的事

18. 有一種食物使我吃後嘔吐：（　　）

　　A. 沒有　　　　　B. 記不清　　　　C. 有

19.除去看見的世界外，我的心中沒有另外的世界：（　　）

A.沒有　　　　　　　　B.記不清　　　　　　C.有

20.我會想到若干年後有什麼使自己極為不安的事：（　　）

A.從來沒有想過　　　　B.偶爾想到過　　　　C.經常想到

21.我常常覺得自己的家庭對自己不好，但是我又確切地知道他們的確對我好：（　　）

A.否　　　　　　　　　B.說不清楚　　　　　C.是

22.每天我一回家就立刻把門關上：（　　）

A.否　　　　　　　　　B.不清楚　　　　　　C.是

23.我坐在小房間裏把門關上，但我仍覺得心裏不安：（　　）

A.否　　　　　　　　　B.偶爾是　　　　　　C.是

24.當一件事需要我作決定時，我經常感覺到很難：（　　）

A.否　　　　　　　　　B.偶爾是　　　　　　C.是

25.我常常用拋硬幣、翻紙、抽籤之類的遊戲來預測凶吉：（　　）

A.否　　　　　　　　　B.偶爾是　　　　　　C.是

第 26～29 題：請按實際情況如實回答，在你選擇的答案後打「√」。

26.為了工作我早出晚歸，早晨起床時我常常感到疲憊不堪：

是（　　）否（　　）

27.在某種心境下，我會因為困惑陷入空想，將工作擱置下來：

是（　　）否（　　）

28.我的神經脆弱，稍有刺激就會使我戰慄：

是（　　）否（　　）

29.睡夢中，我常常被噩夢驚醒：

是（　）否（　）

第 30～33 題：本組測試共 4 題，每題有 5 種答案，請選擇與自己最符合的答案，在你選擇！的答案下打「√」。

答案標準如下。

　　從不　　幾乎不　　一半時間　4.大多數時間　5.總是

30.工作中我願意挑戰艱巨的任務。　　　　1　2　3　4　5

31.我常發現別人好的意願。　　　　　　　1　2　3　4　5

32.能聽取不同的意見，包括對自己的批評。1　2　3　4　5

33.我時常勉勵自己，對未來充滿希望。　　1　2　3　4　5

參考答案及計分評估：

計分時請參照計分標準，先算出各部份得分，最後將幾部份得分相加，即為你的最終得分。

第 1～9 題，每回答一個 A 得 6 分，回答一個 B 得 3 分，回答一個 C 得 0 分。計（　　）分。

第 10～16 題，每回答一個 A 得 5 分，回答一個 B 得 2 分，回答一個 C 得 0 分。計（　　）分。

第 17～25 題，每回答一個 A 得 5 分，回答一個 B 得 2 分，回答一個 C 得 0 分。計（　　）分。

第 26～29 題，每回答一個「是」得 0 分，回答一個「否」得 5 分。計（　　）分。

第 30～33 題，從左至右分數分別為 1 分、2 分、3 分、4 分、5 分。計（　　）分。

總計為（　　）分。

測試後如果你的得分在 90 分以下，說明你的情商水乎較低，常常不能控制自己，極易被自己的情緒所影響。很多時候，你容易被激怒、發脾氣。對於此種情況，最好的解決辦法就是能夠給不好的東西一個好的解釋，保持頭腦冷靜，使自己心情開朗。

如果你的得分在 90～129 分，說明你的情商水準一般，對於同一件事，不同時候你的表現可能不一樣，這與你的意識有關，你比前者更具有情商意識，但這種意識不是常常都有，因此需要你多加注意、時時自我提醒。

如果你的得分在 130～149 分，說明你的情商水準較高，你是一個快樂的人，不易恐懼擔憂，對於工作，你熱情投入、敢於負責，你的為人更是正義正直，這是你的優點，應該努力保持。

如果你的得分在 150 分以上，說明你是個情商高手，你的情緒智慧將是你事業有成的一個重要前提條件。

培訓小故事

海格力斯效應的人際關係

希臘神話故事中有位大力士叫海格力斯，一天，他走在坎坷不平的路上，看見腳邊有個像鼓起的袋子樣的東西，很難看，海格力斯便踩了那東西一腳。誰知那東西不但沒被海格力斯一腳踩破，反而成倍地膨脹起來。這激怒了海格力斯，他順手拿起一根碗口粗的木棒砸那個怪東西，好傢伙，那東西竟膨脹到把路也堵死了。海格力斯奈何不了他。正當他在納悶之時，一位聖者走到海格力斯跟前對他說：「朋友，快別動它了，忘了它，離它遠去吧。它叫仇恨袋，你不惹它，它便會小如當初；你若侵犯它，它就會膨脹起來與你敵對到底。」仇恨正如海格力斯所遇到的這個袋子，開始很小，如果你忽略它，矛盾化解了，它會自然消失；如果你與它過不去，加恨於它，它會加倍地報復。

社會心理學家將「以眼還眼，以牙還牙」、「以其人之道，還治其人之身」、「你跟我過不去，我也讓你不痛快」的心理現象稱為海格力斯效應。

在職場之上，要想改善自己的人際關係，就必須要冷卻自己的仇恨心理，以寬容、理解的心態來對待別人，只有把仇恨這個沉重的包袱放下，才能輕鬆地面對未來。

4 看照片，記名字

◎遊戲目的

· 讓學員明白記住他人名字的重要性。

· 對學員進行快速記住他人名字的訓練。

◎遊戲人數

45 人

◎遊戲時間

45 分鐘

◎遊戲場地

不限

◎遊戲道具

每個學員提供一張自己的照片

◎遊戲步驟

1. 讓每個學員在自己的照片背面寫上自己的名字及相關信息，用每個學員的照片做成簡易的相冊，讓每個學員人手一冊。

2. 讓學員逐個進行自我介紹，其他學員流覽相冊，對號入座。

3. 培訓師組織學員進行問題討論。

◎遊戲討論

1. 大家是如何認識到汜住他人名字的重要性的？

2. 你都有那些快速記住他人名字的辦法？

培訓小故事

傻瓜不是你想像

　　有一天，大詩人歌德在公園散步，正巧在一條狹窄的小路上碰到了反對他的批評家。那位傲慢無禮的批評家對歌德說：「你知道嗎，我這個人是從來不給傻瓜讓路的。」

　　機智的歌德回答說：「而我卻恰恰相反。」說完閃身讓路，讓批評家過去。

　　善用幽默者能以幽默解決難題，將事情處理得恰到好處。

　　幽默是一種武器，利用幽默來還擊惡意的挑釁，既可切中要害，也可達到溝通目的。

5 情緒傳染

◎遊戲目的
訓練學員的溝通技巧，讓學員體會到個人情緒對團隊的影響。

◎遊戲人數
不限

◎遊戲時間
20 分鐘

◎遊戲場地

教室

◎遊戲道具

無

◎遊戲步驟

1.讓所有學員圍成一圈，並閉上眼睛。培訓師在圈外隨意拍一名學員的肩膀，悄悄告訴他：他是「情緒源」。培訓師不要讓其他人知道誰是「情緒源」。

2.讓大家睜開眼睛，培訓師宣佈遊戲規則，開始遊戲。全體學員現在在一個酒會上，大家可以隨意走動、任意交淡，但要盡可能多地與人交流。「情緒源」的任務就是透過眨眼睛的動作把不良情緒傳遞給任意三人；而任何獲得眨眼睛信息的人就要把自己當作已經受到感染，受到感染後就要向另外三個人眨眼睛，將情緒傳染給別人，依此類推，直到所有人都被感染為止。

3.學員將驚奇於情緒傳染的可怕性。五分鐘後，讓學員們都坐下，然後讓他們按照被感染的先後順序依次站起來。

4.培訓師告訴大家：「現在將選擇一個人作為『快樂源』，『快樂源』會把微笑傳遞給其他三個人，任何一個得到微笑的人也要將微笑再傳遞給其他三個人。」培訓師發現大家會指向很多不同的人。

5.讓學員重新圍成一圈，並閉上眼睛。培訓師宣佈新的遊戲方式培訓師假裝選定了「快樂源」，讓學員睜開眼睛，開始遊戲。三分鐘後，讓大家坐下來，找出誰是「快樂源」。

6.培訓師組織學員進行問題討論。

◎遊戲討論

1. 不良情緒和快樂情緒，那一個「傳染」得快些？原因是什麼？

2. 在「傳染」兩種不同情緒的過程中，你有怎樣的感覺？

3. 在團隊裏，一個人的情緒是否會對整個團隊產生影響？

6 擲骰子遊戲

◎遊戲目的

訓練學員的情緒表達能力，讓學員體會人的各種情緒。

◎遊戲人數

不限

◎遊戲時間

15 分鐘

◎遊戲場地

不限

◎遊戲道具

骰子（六面貼有表示歡喜、悲傷、憤怒、憂慮、驚奇、恐懼六種情緒的臉譜）

◎遊戲步驟

1. 讓學員坐成一圈，將貼有情緒臉譜的骰子發給他們。

2. 培訓師宣佈遊戲規則：大家輪流擲骰子，擲出什麼情緒臉譜

便講一件使自己產生此種情緒的事情（例如，一名學員擲出的情緒臉譜是悲傷，那麼他就要講一件使自己感到悲傷的事情）。

3. 遊戲結束後，培訓師組織學員進行問題討論。

◎遊戲討論

1. 你最願意告訴大家那種情緒的事情？如果擲到的不是這種情緒的臉譜，你有什麼感覺？

2. 你認為那種情緒的事情最好講？那種情緒的事情最難講？

 培訓小故事

聰明的捕鳥人

有位捕鳥人在湖澤上張開了羅網，撒下了食餌。不一會兒，成群的鳥雀飛來。捕鳥人一拉網，所有的鳥兒都網在了裏面。這時其中有一隻大鳥撐開翅膀，所有的鳥雀都奮力齊飛，便帶著網一起飛上了天空。捕鳥人緊追著鳥網。有人對他說：「鳥在天上飛，你憑著兩條腿，怎麼追得上啊？」捕鳥人答道：「日暮時分，這些鳥兒都要各自回窠，方向一亂，鳥就一定會掉下來。」果然，太陽下山了，網中之鳥有的要飛歸樹林，有的想回到山崖，有的往東，有的朝西，鬧成一團，不一會，整個鳥網當空落下。捕鳥人連忙上去，把這些鳥兒都控制了。

這些鳥兒之所以最終被捕鳥人一網打盡，原因就在於它們沒有統一方向。在羅網下面的它們應該是一個統一的整體，只有大

家勁往同一個方向使，它們才能逃離被捕的噩運。遺憾的是它們沒有這樣做，以至於噩運最終還是降臨了。

當你和你的同事處在同一個團隊之中的時候，千萬要統一認識、明確團隊的發展方向，否則一旦出現各奔東西的情況，場面也就不好收拾了。

對員工來說，和同事之間保持默契有兩個好處：一是減少彼此之間的摩擦，工作減少阻力；二是做事更加有效率，有利於提升個人競爭力。無論是那一點，對於員工來說都是有利的。

7 自我誇讚

◎遊戲目的
· 提高學員的自信心。
· 訓練學員的表達能力。

◎遊戲人數
不限

◎遊戲時間
10 分鐘

◎遊戲場地
不限

◎遊戲道具

無

◎遊戲步驟

1. 將學員分為兩人一組，每個小組中的兩名學員互相詢問以下三個問題（要求如實回答，不能過謙）。

①你對自己身體的那一部份最感到自豪？

②在個人品質上，你認為自己在那一點上做得最好？

③在個人才能上，你認為自己最大的優勢是什麼？

2. 培訓師宣佈遊戲規則，開始遊戲。

3. 遊戲結束後，培訓師組織學員進行問題討論。

◎遊戲討論

1. 當你回答自己的優點時，你有怎樣的感覺？

2. 透過這個遊戲，你是否更加清晰地認識到自己的優點？

8 快樂隨心變

◎遊戲目的

· 讓學員體會表情、動作和語言在人際交往中的重要性。

· 提高學員的人際溝通和交往能力。

◎遊戲人數

30 人

◎**遊戲時間**

10 分鐘

◎**遊戲場地**

不限

◎**遊戲道具**

無

◎**遊戲步驟**

1. 培訓師宣佈遊戲規則。

①每人都面朝天花板，面無表情地隨意走動，遇人走開。

②每人都面朝自己腳尖，面尤表情地隨意走動，遇人走開。

③每人都面朝他人的臉，面尤表情地隨意走動，遇人走開。

④每人都面朝他人的臉，面帶微笑，隨意走動，遇人點頭。

⑤每人都面朝他人的臉，面帶微笑，隨意走動，遇人握手。

⑥每人都面朝他人的臉，面帶微笑，隨意走動，遇人握手，心中說：「我喜歡你。」

⑦每人都面朝他人的臉，面帶微笑，隨意走動，遇人握手，口中說：「我喜歡你。」

2. 遊戲結束後，培訓師組織學員進行問題討論。

◎**遊戲討論**

1. 當你看到他人面無表情時，你有怎樣的感覺？

2. 隨著遊戲的進行，大家的感受發生了怎樣的變化？

3. 從這個遊戲中，你體會到了什麼道理？

週五開會都能到

在動物王國，一天，虎王吩咐兔子秘書：「我要開個會，讓獅子將軍、斑馬宰相和猴子軍師參加，這星期那天都行，你去安排一下！」

兔子秘書先去問獅子：「將軍，大王要召開會議，您那天有時間？」

獅子將軍看了一下自己的行程，說：「我明天要去熊家族參加他們的軍事演習，其他時間都可。」

兔子秘書到斑馬宰相辦公室，結果宰相不在，問其秘書才知道他出使大象王國，得週四上午才能回來。

兔子秘書又去找猴子軍師，猴子說：「我週四下午參加森林小動物拔河比賽，其他時間都可以。」

兔子秘書跑回虎王辦公室說：「大王，獅子將軍明天參加熊家族的軍事演習，其他時間都可！」

虎王看了兔子一眼沒說話，兔子接著說：「斑馬宰相正在大象王國訪問，得週四才能回來……」

虎王眉頭緊蹙，問：「那會議你給安排到什麼時候了？」

兔子秘書說：「猴子軍師週四下午參加小動物拔河比賽，所以我還沒想好，聽您的意思！」

虎王一聽，非常惱火，對兔子說：「這一點小事也要我來決

定嗎？」

　　兔子的臉紅一陣、白一陣。

　　虎王接著說：「他們週五不是都能到嗎，就安排在週五，多簡單的事，我已經說過本周那天都行，還哆裏哆嗦地跟我說那麼多！」

　　與上司溝通，尤其是彙報工作，語言要簡潔明瞭，先說重點或結果，避免浪費上司的時間。接受主管指示時，應弄清主管意圖，正確實施主管指示。有時候，溝通就是越簡單越有效。

9 第一印象

◎遊戲目的

· 幫助學員認識自己。

· 促進學員之間的交流。

◎遊戲人數

5 人

◎遊戲時間

15 分鐘

◎遊戲場地

不限

◎**遊戲道具**

小卡片（背面畫有四個方格）5 張

◎**遊戲步驟**

1. 讓五名學員圍成一圈，培訓師為每名學員發一張卡片，讓學員在卡片正面寫上自己的姓名、自我評價，並畫上肖像。（注意是第一印象。）

2. 讓學員將卡片交給自己右手邊的學員（這樣大家都拿著別人的卡片），讓學員在卡片背面的任意一個方格中寫下自己對卡片主人的第一印象。

3. 卡片繼續往右傳，大家依舊寫對卡片主人的第一印象，依此類推，直到各自又重新拿到自己的卡片。

4. 給學員三分鐘看卡時間，培訓師組織大家進行問題討論

◎**遊戲討論**

1. 你對自己的印象與別人對你的印象是否一致？如果有差別，那麼差別在那裏？

2. 你覺得別人為什麼會對你有這種印象？

3. 你應該如何做，才能讓他人對你的第一印象更好些？

夫妻溝通用紙條

一對夫妻有一天鬧不和，打算各睡各的，互不講話，有事寫字條。

晚上，丈夫給妻子留了一張紙條，上寫「明天我有個會議，早上 7 點叫我」。然後放在妻子的床頭，便安然地睡去了。

到第二天，丈夫醒來一看表，都過 8 點了。

他非常氣憤，跑去質問妻子，但是發現妻子已經出門了。

沒辦法又回到臥室，他發現枕邊有一張字條，上寫「都 7 點半了，還不起來」。

溝通方式決定溝通效果，管理者應該運用正確的溝通方式解決問題。採取不恰當的溝通方式，達不到溝通目的，等於沒有溝通。

10 肢體語言助溝通

◎遊戲目的

· 認識肢體語言在人際溝通中的作用。

· 幫助學員們戒除不禮貌的溝通習慣。

◎**遊戲人數**

20 人

◎**遊戲時間**

10 分鐘

◎**遊戲場地**

不限

◎**遊戲道具**

無

◎**遊戲步驟**

1. 將學員們分為兩人一組，讓他們進行 2～3 分鐘的交流，交談的內容不限。

2. 當大家停下以後，請學員們彼此說一下對方有什麼非語言表現，包括肢體語言或者表情。例如，有人總愛眨眼，有人會不時地撩一下自己的頭髮。問這些做出無意識動作的人是否注意到了這些行為。

3. 讓大家繼續討論 2～3 分鐘，但注意這次不要有任何肢體語言，看看與前次有什麼不同。

◎**遊戲討論**

1. 你在遊戲當中都使用了那些動作？交流對象對此有何評價？

2. 對方所用的肢體動作是不是你也會經常用？感覺恰當嗎？

3. 何時使用肢體語言，何時不需要用，你掌握了嗎？

 培訓小故事

達到溝通本意

宋太祖在臣子張思先面前說過大話:「因你這次為君、為國做出了重大的貢獻,我決意讓你官拜司徒。」

張思先左等右等總不見任命下來,可是又不好當面質詢,因為這會讓皇帝面子上不好看,鬧不好此事就吹了。左思右想,只能幽默一下,來個皆大歡喜。

有一天,張思先故意騎了一匹瘦馬,從太祖面前經過,並驚慌地下馬向皇帝請安。太祖問道:「你這匹馬為何如此之瘦?是不是你不好好餵它?」

張思先答:「一天三次。」

太祖又問:「吃得這麼多,為何還如此之瘦?」

張思先答:「我答應給它一天三次糧,可是我沒給它吃那麼多。」

二人大笑不止。

太祖是個聰明人,馬上有所頓悟,第二天就下旨任命張思先為司徒長史。

有時溝通不需要直接表述自己的意思,透過其他事物隱喻會更有效。當直接溝通無法進行時,要學會採用迂迴策略實現自己的溝通目的。

第 五 章

表達能力遊戲

1 如何將水杯移出來

◎遊戲目的

訓練學員的團隊溝通能力，培養學員的溝通精神。

◎遊戲人數

6 人

◎遊戲時間

10 分鐘

◎遊戲場地

空地

◎遊戲道具

杯子；繩子；橡皮筋；蒙眼布

◎ **遊戲步驟**

1. 將學員分為兩人一組，用繩子圍成一個半徑約為兩米的圓，將裝滿水的一次性杯子放在圓心。

2. 二人小組中的一人被蒙上眼睛，他負責把圓內的水杯移到圓外。

3. 該小組的另一人必須站在圓外，不得進入圓內。

4. 小組中沒蒙眼睛的成員不能直接參與遊戲，只能為蒙上眼睛的同伴做指引或提示。

5. 將水杯完全移出圓外且溢出的水不超過 1/4 才算成功。

◎ **遊戲討論**

1. 在遊戲進行過程中，小組成員都進行了怎樣的溝通？

2. 沒有蒙眼睛的小組成員應為同伴做怎樣的指引或提示？

3. 大家怎樣認識溝通對於團隊合作的意義？

4. 團隊溝通的四個功能：

⑴控制。團隊成員必須遵守團隊的規範或慣例，溝通可以實現這種功能；同時，非正式溝通還控制著行為。

⑵激勵。溝通可以使團隊成員明確團隊的目標和願景，知道自己要做什麼、怎樣做，從而實現激勵的功能。

⑶情緒表達。團隊成員在工作中有時會產生挫折感或滿足感，這種情緒和感覺需要釋放，而溝通就是良好的途徑。

⑷信息傳遞。團隊工作中需要在成員間相互傳遞大量的信息，以實現團隊的協同和高效，溝通在促進團隊內部的信息傳遞方面有至關重要的作用。

培訓小故事

老虎找猴做比較

森林裏住著許多小動物，有兔子、烏龜、烏鴉、鹿、孔雀、狐狸、野豬⋯⋯它們經常晚上聚在一起開聯歡會。有一次，猴子在聯歡會上跳起了迪斯可，跳得很有味道，博得了大家熱烈的掌聲。接下來猴子經常帶領大家狂歡、娛樂，在動物中有了一定的威望，大家就選它為「王」了。號稱百獸之王的老虎聽說後非常生氣，心想：「我才是『森林之王』，一個小小的猴子憑什麼做大王？」它越想越氣，於是直奔猴子的住所。

猴子看到老虎，壯著膽子迎出來：「老虎大王來了，請裏邊坐！」

老虎一下撲倒猴子，「在森林裏，是你屬害還是我屬害？你憑什麼也稱王？」

「您是森林裏的『百獸之王』，我只是娛樂場中的『王』，您說誰屬害呢？」老虎一聽，心想：「也是，我怎麼和一隻猴子一般見識」，於是放了猴子，逕自走了。

與上級溝通時要維護上級的權威和自尊，否則將會為自己帶來一些不利影響。下屬要經常與上級保持溝通，以獲得上級的理解和支持。

2 圍圈傳話

◎遊戲目的

讓組員體驗整個資訊傳遞變形的過程。讓組員瞭解正確表達的重要性。

◎遊戲人數

10—20 人。

◎遊戲時間

20 分鐘。

◎遊戲場地

教室。

◎遊戲道具

無。

◎遊戲步驟

①所有的人圍成一圈，由培訓師給出一句簡短的句子，要求第一名組員準確理解並自行組織語言，然後悄悄告訴下一位組員（每次傳話的時間不能超過 30 秒）。最後一位組員完成表達後，比對培訓師的原句，並分析是誰改編了語義。

②閒話就是這樣產生，並逐漸被加工、失真的。二手傳播不可信的另一個原因還在於，我們無法確定當事人是怎麼說的。這一點很重要，語氣神態不同，意思也就為不同。

③比如說這樣一句話:「我沒說她偷了我的錢」這句話,下面粗體字所表達的意思是不同的。

A‧**我**沒說她偷了我的錢。(可是有人這麼說)

B‧我沒說她偷了我的錢。(可是我是這麼暗示的)

C‧我沒說**她**偷了我的錢。(可是她對這錢做了某些事)

D‧我沒說她偷了**我**的錢。(她偷了別人的錢)

E‧我**沒**說她偷了我的錢。(我確實沒這麼說)

F‧我沒說她偷了我的**錢**。(可是別人偷了我的錢)

G‧我沒說她**偷**了我的錢。(她偷了別人的東西)

◎遊戲討論

你是否準確地理解了別人傳達給你的內容?你要傳遞的資訊是否被對方準確理解了?

語言是一門藝術,同樣的一句話,用不同的表達形式會產生完全不同的傳遞效果。

同一句話,語氣不同,表情不同,意思也就不同。

培訓小故事

老鷹描述不清晰

貓到林中捕鳥,碰到一隻老鷹。老鷹問它:「親愛的貓大哥,你到那兒去呀?」

「我去林子裏捕鳥吃。」貓答道。

「啊，貓大哥，千萬別傷害我的小孩子。」

「你的孩子長得什麼樣，這個你可得讓我知道。」

「我的孩子呀，長得最漂亮。」

「知道啦。」貓認真地回答，老鷹放心地飛走了。

貓在矮樹叢中找來找去，鳥巢裏儘是些美麗的小鳥，貓都怕是老鷹的孩子而沒有下口。最後，發現一群長得非常難看的小鳥。於是，貓放心地飽餐了一頓。

貓回家的路上，又碰到老鷹。貓說：「你放心吧，我吃的是最醜的鳥。」

老鷹回來一看，它的「漂亮」孩子一個都不見了，窩裏還有幾根貓的鬍鬚。

表達應準確、客觀，以免傳遞錯誤信息。表達時應準確描述事物的特徵，不能用模糊的標準界定事物，以免引起聽者的誤解。

3 向銀行借錢

◎遊戲目的

訓練學員的表達能力，培養學員的團隊溝通與合作精神。

◎遊戲人數

20 人

◎遊戲時間

15 分鐘

◎遊戲場地

不限

◎遊戲道具

1 元硬幣 10 枚

◎遊戲步驟

1. 將學員分為 A、B、C 三組，其中 A、B 兩組各五人，C 組十人，給 C 組學員每人發一枚硬幣。現在，C 組的十個人分別代表十家銀行，A、B 兩組分別代表兩個企業。現在，A、B 兩組所代表的企業受到了金融危機的影響，每個企業必須湊夠六枚硬幣才能生存，A、B 兩組人必須設法說服 C 組的銀行把錢借給你們，在此過程中銀行可以提出任何問題，你們必須儘量讓他們滿意。最後，銀行將根據你們的表現決定把錢借給誰。那一方先從銀行那裏借到六枚硬幣就算獲勝。

2. 培訓師講述遊戲情境，開始遊戲。遊戲過程中，培訓師要防止有人「搶劫」。

3. 遊戲結束後，培訓師組織學員進行問題討論。

◎遊戲討論

1. 作為企業，你如何說服銀行把錢借給你？

2. 作為銀行，你為什麼會把錢借給 A(B)？

3. 透過這個遊戲，大家如何看待表達能力的重要性？

4 數字傳遞

◎遊戲目的

讓組員充分體驗準確表達的重要意義，告知組員要運用多種表達形式來進行交流。

◎遊戲人數

15-40 人。

◎遊戲時間

依人數而定。

◎遊戲場地

教室。

◎遊戲道具

紙筆。

◎遊戲步驟

①將人員分成若干組，每組人員 5－8 人左右，並選派每組一名組員出來擔任監督員。

②所有參賽的組員縱列排好，由裁判向全體參賽組員和監督員宣佈遊戲規則。

③各組代表到主席臺來，裁判說：「我將給你們看一個數字，你們必須把這個數位通過肢體語言讓你全部組員都知道，並且讓小組的第一個組員將這個數字寫到講臺前的白紙上（寫上組名），看

哪個隊伍速度最快，最準確。」

④全過程不允許說話，後面一個組員只能夠通過肢體語言向前一個組員進行表達。通過這樣的傳遞方式層層傳遞，直到第一個組員將這個數字寫在白紙上，並由裁判提示所提交的答案是否正確，以及由小組內部決定從哪個組員開始重新傳遞。

⑤比賽進行 5 局，數位分別是 0、900、0.01、-1960、198/63，每局中間休息 1 分 15 秒。

◎遊戲討論

首先要考慮時間和準確率的平衡。要合理利用時間，要制定一套大家都認同的傳遞方法，而且還要有時間來彩排。

要考慮遊戲過程中所可能觸發的事件，與組員進行良好的溝通，減少異常情況的發生。

各組員要進行之間的團隊合作，在遊戲中，每個人都是不可或缺的部分，少了中間任何一個環節，整個團隊都無法完成遊戲。

每一次遊戲後，都應該對遊戲過程中遇到的問題進行總結，一套方法在不同的情況下，會慢慢出現弊端，要對傳統方法進行改良。

表達的關鍵不在於多，而在於精。表達的時候要注意抓住內容的關鍵點。

語言並不是最重要的，最重要的是將資訊準確地傳達給對方。

 培訓小故事

說話要先傾聽，只有笨拙的溝通者才喋喋不休

一位女士走進一家餐廳，點了一份湯，服務員把湯端上來後很禮貌地走開了。

服務員剛走開，這位女士便將服務員叫過來並說道：「對不起，這碗湯我沒法喝，因為……」，還沒等顧客說完，服務員立馬說了聲對不起並重新為這位顧客端了一碗湯上來。

可是，那位顧客仍舊說：「對不起，這碗湯我沒法喝，因為……」這位服務員一時有點不知所措，並解釋道：「尊敬的女士，您點的這道湯是本店最拿手的，深受顧客歡迎，您對我們的服務有什麼不滿嗎？」

「先生，我只是想說，喝湯的勺子在那兒？」

傾聽中最忌諱隨便打斷對方的說話。溝通中 70% 的時間是在傾聽。說話需要先傾聽，只有笨拙的溝通者才喋喋不休。

5 我來比劃你來猜

◎遊戲目的

· 提高學員的表達能力。

· 訓練學員的溝通技巧。

◎遊戲人數

10 人

◎遊戲時間

30 分鐘

◎遊戲場地

不限

◎遊戲道具

筆，紙

◎遊戲步驟

1. 將學員分為兩人一組，小組中一人負責比劃，一人負責猜。給各組中負責比劃的學員每人發一張紙，要求他們在紙上寫下十個名詞。

2. 培訓師將寫有名詞的紙收回，然後打亂順序，再隨機發給各組負責比劃的學員。

3. 讓各組學員面對面站立，培訓師宣佈遊戲規則。遊戲開始後，各組中負責比劃的學員要讓負責猜的學員迅速猜出紙上的所有

名詞；負責比劃的學員不能直接說出名詞和名詞中包含的漢字（包括漢字的諧音）；最先正確猜出所有名詞的小組獲勝。

4. 在遊戲結束以前，每個人都要對自己所寫的名詞嚴格保密，不能讓其他學員看到。

遊戲結束後，培訓師組織學員進行問題討論。

◎遊戲討論

1. 作為獲勝小組，你們感覺自己獲勝的原因是什麼？

2. 作為比劃的一方，你如何讓自己的搭檔更快地明白自己的意思？

3. 透過這個遊戲，大家覺得自己的表達能力是否有所提高？

6 克服恐懼

◎遊戲目的

‧ 幫助學員克服在公眾面前講話的恐懼心理。

‧ 提高學員在公眾場合的表達能力。

◎遊戲人數

40 人

◎遊戲時間

15 分鐘

◎**遊戲場地**

教室

◎**遊戲道具**

恐懼清單（見附件）

◎**遊戲步驟**

1. 詢問學員：「你們認為大多數人最害怕什麼？」

2. 將學員給出的答案寫下來，詢問大家是否同意這些意見？

3. 將恐懼清單展示給全體學員看，指出大多數人最恐懼的莫過於在公眾面前講話或演講。

4. 讓學員想出盡可能多的克服演講恐懼的方法，培訓師進行總結匯總。

5. 找出學員中最害怕在公眾面前講話的學員，讓其到前面大聲朗讀大家想出的克服恐懼的方法。

6. 遊戲結束後，培訓師組織學員進行問題討論。

◎**遊戲討論**

1. 大家是否覺得在公眾場合講話的恐懼心理有所減輕？

2. 透過這個遊戲，你是否找到了適合自己的克服演講恐懼的方法？

附件　專家列出的恐懼清單	
在公眾面前講話	疾病
金錢困擾	人身安全
黑暗	死亡
恐高	孤獨
蛇和蟲子	狗

培訓小故事

鏘、鏘、鏘，免繳糧

從前有位宰相，得知廣東發生了水災，請求皇上讓廣東那一年不用上繳糧食。

可是皇帝不置可否，只說「讓我想想」，便把事情擱下了。

宰相每天都要陪皇帝下棋，並唱著「鏘、鏘、鏘，廣東免繳糧」的小調。

一天唱、兩天唱，有一天皇帝也跟著他敲著棋盤，唱道：「鏘、鏘、鏘，廣東免繳糧。」

宰相立刻跪地謝主隆恩。君無戲言，廣東免除了當年上繳糧食的稅賦。

怕別人忘記的最好方式就是不斷提醒對方，相同內容的多次溝通會在對方腦中留下潛意識的記憶。

下屬與上司溝通時，應提前營造有利於自己的談話環境，這樣才能更容易實現溝通目標。

7 不要激怒我

◎遊戲目的

· 讓學員認識到那些詞語是刺激性詞語。

· 讓學員避免使用負面或具有敵意的詞語。

◎遊戲人數

30 人

◎遊戲時間

30 分鐘

◎遊戲場地

不限

◎遊戲道具

白紙若干張

◎遊戲步驟

1. 將學員分為 3 人一組，給每組發一張白紙，讓他們在 3 分鐘內寫出盡可能多的能激怒別人的詞語，激怒別人的詞語包括不行、不可能等，各小組注意不能讓別的小組看到本小組所寫的詞語。

2. 讓每個小組在 10 分鐘內寫出一個一分鐘的劇本，劇本中要盡可能多地使用那些能激怒人的詞語。

3. 讓各小組根據自己所寫的劇本進行表演，一個小組表演時，大家對他們的表演進行評分。表演完的小組要進行刺激性詞語的確認，

必要時還可以對這些詞語做出解釋，大家為其評分的標準如下：

①每個刺激性詞語給 1 分；

②各詞語再按照激怒程度加 1～3 分；

③如果表演者能使用這些詞語表現真誠與合作，另外加 5 分。

4. 各小組表演完以後，給得分最高的小組頒發「火上澆油」獎。

5. 培訓師組織大家進行問題討論。

◎遊戲討論

1. 有沒有你認為不是刺激性的詞語，而別人卻認為是的情況？

2. 在工作中，我們應當如何避免使用刺激性的詞語？

 培訓小故事

沒有傾聽就沒有下文

　　在樓盤銷售中心，一客戶欲購置一套房。該中心的銷售人員熱情地接待了他，根據客戶的要求，銷售人員向其推薦了合適的戶型，雙方的交流很融洽。

　　但當工作人員為這位客戶辦理相關手續時，客戶卻猶豫了。最後，這項銷售任務也沒能完成。

　　接待這位客戶的銷售人員對此次的銷售活動進行了認真反思。問題到底出在那兒呢，他想了很久也沒有得出答案。最後，他給那位客戶打電話，想知道其中的緣故。

　　「非常抱歉再次打擾您，但是我檢討了一上午，實在想不出

自己錯在那裏了，因此特地打電話向您討教。」

「真的嗎？」

「很想聽您的肺腑之言。」

「很好！你在用心聽我說話嗎？」

「是的，非常用心。」

「可是今天上午你根本沒有用心聽我說話。就在辦理相關手續之前，我提到我兒子即將進入一所重點大學學習，我還提到他的學習成績、綜合能力及他將來的抱負，我以他為榮，但是你毫無反應。」

　　這名銷售人員對這番話的內容感覺很模糊。他認為已經談妥那筆生意了，所以就沒有十分用心地聽對方說什麼，而且對客戶的談話也沒有給予積極的回饋。那位客戶除了買房，更需要得到他人對自己優秀兒子的稱讚。

　　傾聽是一種態度，傾聽是一種尊重。

　　與客戶進行溝通，必須要善於傾聽客戶的談話。溝透過程是一個相互的過程。在傾聽的過程中，應學會從客戶的談話中瞭解客戶的立場、需求、願望及感受等。

8 傳話遊戲

◎遊戲目的

· 讓學員體會溝通中表達方式的重要性。

· 讓學員學會使用恰當的表達方式。

◎遊戲人數

20 人

◎遊戲時間

30 分鐘

◎遊戲場地

不限

◎遊戲道具

無

◎遊戲步驟

1. 讓全體學員圍成一個圓圈。

2. 培訓師找一位學員，告訴他一句簡短的話，讓其準確理解後並自行組織語言，悄悄告訴下一位學員。

3. 每位學員聽到前一位的告知後，在一分鐘之內傳達給下一位學員。

4. 由最後一位學員將自己所聽到的內容講給培訓師，培訓師對比原話，看意思是否已經發生了改變。

5. 遊戲結束後，培訓師組織學員進行問題討論。

◎遊戲討論

1. 大家認為自己是否已經準確理解了上一位學員的意思並準確傳遞給了下一位學員呢？

2. 信息被傳遞的過程中，那些方面會導致其失真？

3. 透過這個遊戲，大家可以獲得怎樣的啟發？

9 「殺人」遊戲

◎遊戲目的
· 提高學員的表達能力。
· 訓練學員的分析判斷能力。

◎遊戲人數
13 人

◎遊戲時間
30 分鐘

◎遊戲場地
不限

◎遊戲道具
與人數相等的撲克牌（或其他有不同標記的物品，如名片等）

◎遊戲步驟

1. 選 13 位學員參加遊戲，任命其中一人為「法官」，「法官」準備 12 張撲克牌，其中 3 張 A、6 張普通牌、3 張 K，「法官」將 12 張牌洗好後，讓其他 12 名學員各抽 1 張。「法官」告訴學員：抽到 A 的為「殺手」，抽到「K」的為「員警」，抽到其他的為「平民」，大家看好自己的牌，不能讓別人看到。

2.「法官」開始主持遊戲，大家要聽從法官的口令，不能作弊。

3. 遊戲結束後，培訓師組織大家針對表達能力等問題展開討論。

「法官」說：「黑夜來臨了，請大家閉上眼睛。」等大家都閉好眼睛後，「法官」接著說：「請殺手殺人。」抽到 A 的 3 個「殺手」睜開眼睛，彼此認識一下，並由任意一位「殺手」示意「法官」，「殺」掉一個「平民」。「法官」看清楚後說：「殺手閉眼。」稍等一會兒後，「法官」說：「員警請睜眼。」抽到 K 的 3 個「員警」睜開眼睛，相互認識一下，然後「法官」說：「員警請閉眼。」所有人此時都閉上眼睛。

「法官」說：「天亮了，請大家睜開眼睛。」「法官」宣佈誰被「殺」了，請「被殺者」指認「兇手」，並陳述理由。理由陳述完中後，「被殺者」本輪遊戲中將不能再發言。「法官」主持其他學員逐個陳述自己的意見。

意見陳述完畢後，將會有幾個學員被懷疑是「殺手」。「法官」訊被懷疑者為自己做最後一次辯解。然後由大家投票決定誰是「兇手」，得票最多的那個人將被迫退出本輪遊戲。

按照上述內容繼續循環，「殺手」殺掉全部「員警」或所有「平

民」後即可獲勝,「員警」和「平民」的任務就是盡可能快地找出所有的「殺手」。

培訓小故事

狐狸傳話搬是非

獅子和老虎在各自的地盤中逍遙自在,相安無事。有一隻狐狸想,森林裏除了獅子和老虎,我就是森林的霸主了。

於是,狐狸到獅子面前說:「獅子大王,老虎想搶佔您的地盤,要和您比試一下。」它又到老虎面前說:「老虎大王,獅子想侵略您的地盤,約您較量一下。」

結果,獅子和老虎之間爆發了一場激烈的戰鬥,最後兩敗俱傷。獅子快要斷氣時,對老虎說:「如果不是你非要搶我的地盤,我們也不會弄成現在這樣。」老虎吃驚地說:「我從來沒想過要搶你的地盤,我一直以為是你要侵略我。」

人與人之間難免有摩擦和隔閡,同事之間如果可以加強直接溝通,就可以避免很多不必要的誤會和隔閡。

「謠言止於溝通」,很多謠言起於誤會和隔閡,消於溝通和理解。對於他人的傳言或遞話要正確判斷,認真分析,以免產生誤會。

10 話傳達會變樣

◎遊戲目的

· 讓學員體驗信息傳遞的過程。

· 讓學員體驗表達能力的重要性。

◎遊戲人數

20 人

◎遊戲時間

30 分鐘

◎遊戲場地

不限

◎遊戲道具

無

◎遊戲步驟

1. 20 個人圍成一圈，由培訓師給出一句簡短語言，要求聽到的第一名學員準確理解並自行組織語言，然後悄悄告訴下一位學員（每人從聽到前一位告知，到傳達給下一位，不得超過一分鐘）。最後一位學員完成表達後，比對培訓師原句，並分析是誰改變了語意。

2. 閒話就是這樣產生並逐漸被加工，從而導致失真的。二手傳播不可信的另一個原因還在於，我們無法確定當事人是怎樣說的，這一點很重要，語氣神態不同，意思也就大為不同。

3. 例如,「我沒說她偷了我的錢」這句話,下面黑體的詞所表達的意思是不同的。

　　⑴我沒說她偷了我的錢。(可是有人這麼說)

　　⑵我沒說她偷了我的錢。(我確實沒這麼說)

　　⑶我沒說她偷了我的錢。(可是我是這麼暗示的)

　　⑷我沒說她偷了我的錢。(可是有人偷了)

　　⑸我沒說她偷了我的錢。(可是她對這錢做了某些事)

　　⑹我沒說她偷了我的錢。(她偷了別人的錢)

　　⑺我沒說她偷了我的錢。(她偷了別的東西)

培訓小故事

溝通回饋不當,都瞎忙

　　有一名經理對其秘書說:「你幫我查一查我們有多少人在華盛頓工作,星期四的會議上董事長將會問到這一情況,我希望準備得詳細一點。」

　　於是,這位秘書打電話告訴華盛頓分公司的秘書:「董事長需要一份你們公司所有工作人員的名單和檔案,請準備一下,我們這兩天內需要。」

　　分公司的秘書又告訴其經理:「董事長需要一份我們公司所有工作人員的名單和檔案,可能還有其他材料,需要儘快送到。」

　　結果第二天早晨,四大箱航空郵件便被送到了公司大樓。

管理者應該充分理解溝通的信息，並對溝通信息中需要回饋的內容進行確認，而後再給予準確的友饋。

有效的回饋必須抓住主要問題和主要矛盾，理解得過於複雜或過於簡單都會讓回饋偏離信息本來的意思。

11 描述形狀練表達

◎遊戲目的

· 讓學員體驗準確表達的重要性。

· 讓學員掌握準確表達的技巧。

◎遊戲人數

20 人

◎遊戲時間

30 分鐘

◎遊戲場地

不限

◎遊戲道具

冰紅茶 24 盒、桌子 4 張

◎遊戲步驟

1. 將 20 人平均分成四組，兩組組成一個競賽隊。

2. 一個競賽隊中的一個組，背著另一組先將自己桌上的六盒冰

紅茶擺成任意形狀。

3. 擺好的一組向自己隊中的另一組描述所擺形狀，另一組聽到描述後即開始擺放。另一隊亦然。

4. 兩組交換角色進行。

5. 10分鐘後，根據兩個競賽隊圖形擺放的難度及各隊中兩組擺放的相似度判定獲勝的一方。

6. 培訓者要注意觀察被培訓者對所擺形狀進行描述的特點、方法和側重點。

◎遊戲討論

1. 獲勝的隊取勝的原因是什麼？

2. 向同隊中的另一組進行形狀描述時有什麼技巧？

 培訓小故事

直言相告，走向極端，未必對

江小姐在職場上已經打拼了好些年了，幾乎遇到過各種各樣的人和事，也應該算是一個「交際能手」，但不知為什麼，她總是很容易得罪人。她心裏總擱不住事兒，有什麼就說什麼，從來不會隱瞞自己的觀點。

有的同事把茶水倒在紙簍裏，弄得一地是水，她會叫他不要這樣做；有的人在辦公室裏抽煙，她會請他出去抽；有的人愛沒完沒了地打電話，她就告訴她不要隨便浪費公司的資源……她這

樣做是出於好心，因為上述情況如果讓經理看見了，相關的人免不了會受到批評。

可是，好心沒好報。她這樣做的後果是把同事們都得罪了。每個人對她都有一大堆意見，甚至大夥一起去郊外也故意不叫上她。有一次她實在氣不過，就向經理反映，沒想到經理也不怎麼支持她，這讓她在公司裏感覺更加被動。她非常想不通，明明我是實話實說，為什麼結局是這樣的？難道做人就一定要虛偽做作嗎？

溝通是一門藝術，與同事溝通更是一門藝術。如果能用委婉的語言、用建議代替直言、用提問代替批評，那麼，也許會收到不一樣的效果。

說話過於直率，言辭過於生硬或激烈，只會產生不良效果，不但無法達到善意的初衷，而且有時會走向極端，給自己帶來溝通上的麻煩。

心得欄 _____

_____

_____

_____

_____

_____

第 六 章

傾聽能力遊戲

1 只有一個橘子

◎遊戲目的

學習人際溝通中傾聽的技巧。

學習主動傾聽別人需求的技巧。

◎遊戲人數

不限。

◎遊戲時間

10 分鐘。

◎遊戲場地

教室。

◎遊戲道具

一張白紙和一個橘子。

◎遊戲步驟

①培訓師告訴組員，下面將講一個關於兩個小女孩和一個橘子的故事：兩個小女孩一起走進了廚房想找橘子，但最後在廚房的桌子上只找到一個橘子。

②培訓師出示一個橘子。提問組員「這兩個小女孩該怎麼做？」大家可能會建議把橘子一切為二，或去買另一個橘子等，把這些建議列在白報紙上。

③之後，再問組員「在知道小女孩怎麼辦之前，我們是否需要知道一些重要的資訊？但這些直到現在還沒人問過的資訊，會是什麼呢？」

④記錄組員的意見，直到有人說我們需要知道的是兩個女孩的需求。

⑤培訓師說明，如果在一開始就知道兩個女孩的需求，解決方案就很明顯：一個女孩需要橘子的皮做蛋糕的裝飾，另一個女孩想用橘子肉榨橘子汁。

◎遊戲討論

為什麼我們總是在沒有確認問題之前好好傾聽女孩的需求？在與人溝通或銷售過程中，如何避免過多的假設行為？

在做出回饋之前，一定要傾聽對方的需求，根據對方的需求來做出反應。

在團隊中傾聽要抓住重點。

培訓小故事

黑白天鵝一起飛

　　水草豐茂的沼澤地帶，居住著一群白天鵝，它們以雪白的羽毛、高雅的姿態、嘹亮的歌聲，獲得了周圍人們的厚愛，白天鵝們感到非常幸福與自豪。

　　一天，撲簌簌飛來幾隻黑天鵝，白天鵝群頓時出現了騷動，它們竊竊私語，一隻生氣地嘀咕，「啊呀，那不是烏鴉的顏色嗎？」另一隻則憤慨地表示：「黑得像木炭，太丟天鵝的臉了。」白天鵝們商量著如何驅趕黑天鵝。

　　然而，聞訊趕來的人們，見到黑天鵝，無不欣喜萬分、讚不絕口：「黑天鵝，黑天鵝，多稀罕的品種，見到你們真是大開眼界。」「雍容華貴，端莊秀麗，太可愛了。」

　　白天鵝們開始是驚呆，繼而是自卑，它們暗自歎息道：「看來，人們十分看重黑天鵝，我們將一錢不值了。」

　　誰知，人們爽朗的話語清晰地傳來：「白天鵝，黑天鵝，黑白相間，交相輝映，大自然蘊含著的美，多麼令人心蕩神馳呀！」

　　白天鵝感動極了，它們歡唱著迎向了黑天鵝；黑天鵝也分外快樂，拍打著黑油油的雙翅，高歌著飛向白天鵝。

　　白天鵝和黑天鵝很快融合在一起，共同生活在這片豐茂的沼澤中。

　　同事之間需要的是互相欣賞、學習、補充，不能相互詆毀，

相互抱怨。

　　只有你欣賞別人，別人才會欣賞你，同事之間應該相互提攜，互通有無，共同進步。

2 商店打烊的事件

◎遊戲目的

提高學員的信息分析能力，讓學員抓住傾聽的關鍵。

◎遊戲人數

不限

◎遊戲時間

25 分鐘

◎遊戲場地

室內

◎遊戲道具

試題 A（見附件一）；試題 B（見附件二）；試題答案（見附件三）

◎遊戲步驟

1. 將試題 A 發給學員，每人一份。

　2. 培訓師講述一個情節：某商人剛關上店裏的燈，一男子就來到店裏並索要錢款，店主打開收銀機後，收銀機內的東西被倒了出來，那個男子逃走了，一位員警很快接到報案。

3. 請學員根據聽到的情節做試題 A，試題 A 做完後，培訓師將試題 B 發給學員，讓他們看著情節做題，培訓師公佈試題答案。

附件一　試題 A			
請快速對下列題目進行判斷	正確	錯誤	不知道
店主將店內的燈關掉後，一男子到達。			
搶劫者是一男子。			
來的那個男子沒有索要錢款。			
打開收銀機的那個男子是店主。			
店主倒出收銀機中的東西後逃離。			
故事中提到了收銀機，但沒說裏面具體有多少錢。			
搶劫者向店主索要錢款。			
8. 索要錢款的男子倒出收銀機中的東西後，急忙離開。			
9. 搶劫者打開了收銀機。			
10. 店內燈關掉後，一個男子來了。			
11. 搶劫者沒有把錢隨身帶走。			
12. 故事涉及三個人物：店主，一個索要錢款的男子以及一個員警。			
附件二　試題 B			
某商人剛關上店裏的燈，一男子就來到店裏並索要錢款，店主打開收銀機後，收銀機內的東西被倒了出來，那個男子逃走了，一位員警很快接到報案。	正確	錯誤	不知道
1. 店主將店內的燈關掉後，一男子到達。			

搶劫者是一男子。			
來的那個男子沒有索要錢款。			
打開收銀機的那個男子是店主。			
店主倒出收銀機中的東西後逃離。			
故事中提到了收銀機，但沒說裏面具體有多少錢。			
搶劫者向店主索要錢款。			
8. 索要錢款的男子倒出收銀機中的東西後，急忙離開。			
9. 搶劫者打開了收銀機。			
10. 店內燈關掉後，一個男子來了。			
11. 搶劫者沒有把錢隨身帶走。			
12. 故事涉及三個人物：店主，一個索要錢款的男子以及一個員警。			

附件三　試題答案

店主將店內的燈關掉後，一男子到達。	不知道（商人 ≠ 店主）
搶劫者是一男子。	錯誤（索要錢款 ≠ 搶劫）
來的那個男子沒有索要錢款。	錯誤
打開收銀機的那個男子是店主。	不知道（店主 ≠ 男性）
店主倒出收銀機中的東西後逃離。	不知道
故事中提到了收銀機，但沒說裏面具體有多少錢。	正確
搶劫者向店主索要錢款。	不知道
8. 索要錢款的男子倒出收銀機中的東西後，急忙離開。	不知道
9. 搶劫者打開了收銀機。	錯誤

10. 店內燈關掉後，一個男子來了。	正確
11. 搶劫者沒有把錢隨身帶走。	不知道
12. 故事涉及三個人物：店主，一個索要錢款的男子以及一個員警。	不知道

3 考考你的心算能力

◎遊戲目的
· 讓學員體會傾聽的重要性。
· 訓練學員的傾聽能力。

◎遊戲人數
不限

◎遊戲時間
10 分鐘

◎遊戲場地
室內

◎遊戲道具
無

◎遊戲步驟
1. 培訓師問全體學員「你們的心算能力怎麼樣？」當培訓師聽到學員肯定的回答後說：「那就考考你們。」

2. 培訓師給學員出一道心算題。

一輛行駛中的公車上，共有 11 人（包括司機在內）。車到了一站，上了 13 人，下去 4 人；

車又到了一站，上了 11 人，下去 5 人；

車又到了一站，上了 8 人，下去 10 人；

車又到了一站，上了 6 人，下去 2 人；

車又到了一站，上了 17 人，下去 8 人；

車又到了一站，上了 3 人，下去 9 人；

車又到了一站，上了 16 人，下去 5 人；

車又到了一站，上了 7 人，下去 9 人。

相信這個問題會令所有學員感到意外，將很少有人能回答出培訓師的問題。

3. 講完後，培訓師不說話，看著學員，等待學員搶答：「車上還有 40 人。」等學員搶答完以後，培訓師提出問題：「公車一共經過多少站？」

4. 培訓師組織大家進行問題討論。

◎ 遊戲討論

1. 為什麼大家都認真聽了，卻回答不出培訓師的問題？

2. 對於搶答的學員，為什麼你沒有耐心聽培訓師問問題呢？

3. 透過這個遊戲，大家對傾聽有怎樣的認識？

培訓小故事

說話不要犯忌諱

小米和小楊是不同地區的人，在同一公司共事。一次兩人在業餘時間閒聊，談得正起勁，小米看見小楊頭髮有點長，便隨口說：「你頭上毛長了，該理一理了。」

不料小楊聽後勃然大怒：「你的毛才長了呢！」結果兩人不歡而散。

無疑，問題就出在小米的一個「毛」字上。小米那個地方的人都管頭髮叫做「頭毛」，他剛出來工作時間不長，言語之中還帶著方言，因此不自覺地說了出來。而小楊那個地方的人卻把「毛」看作是一種侮辱性的罵人的話，什麼「雜毛」、「黃毛」，無怪乎小楊要勃然大怒了。

在與同事交往的過程，必須留心不要說忌諱的話。忌諱的話語如果一不留心，脫口而出，就會傷害同事間的感情。

各地的風俗不同，說話上的忌諱各異。因此，在溝通時要注意日常用語的表達。

4 誰能逃生

◎遊戲目的

· 訓練學員的傾聽能力。

· 提高學員的表達能力。

◎遊戲人數

12 人

◎遊戲時間

30 分鐘

◎遊戲場地

教室

◎遊戲道具

無

◎遊戲步驟

1. 選擇六名學員參加遊戲，其他學員當評委（遊戲最後決定六人中誰逃生），為六名學員分配角色。

孕婦——懷胎八月；發明家——正在研究新能源汽車，將給環境保護帶來重大貢獻；醫學家——長期研究愛滋病治療方案，已有重大進展；宇航員——即將遠征火星，尋找適合人類居住的新空間；生態學家——負責熱帶雨林的搶救工作；流浪漢——歷經生活困苦，生存能力強。

2. 培訓師向學員講述遊戲情境：你們六人乘坐飛機去旅行，中途飛機失事了，降落在了一個荒島上，只有你們六人存活。現在僅有一個只能容納一人的橡皮氣球吊籃可以逃生，但沒有水和食物。

3. 培訓師介紹遊戲方法：六個人針對誰先離島逃生的問題各自陳述理由。除了第一個人以外，其他人在陳述理由時要先覆述前一人的理由，然後才能闡述自己逃生的理由。最後由評委們根據覆述他人理由的完整性和陳述自身理由的充分性，決定六人中誰先離島。

4. 遊戲結束後，培訓師組織學員就傾聽與表達等問題展開討論。

5 傾聽信息要全面

◎遊戲目的
· 有效提高學員的傾聽能力。
· 提高學員的信息處理能力。

◎遊戲人數
20 人

◎遊戲時間
30 分鐘

◎遊戲場地

室內

◎遊戲道具

角色單、白紙若干張

◎遊戲步驟

1. 首先，培訓師向學員們提出一個問題。

小林和大林是兄弟倆，小林有 5 隻羊，大林有 15 隻羊，請問他們家有多少隻羊？

2. 有人回答 20 隻羊嗎？還有其他的答案嗎？這時候培訓師可以給出答案：「不能從題目中知道小林家有幾隻羊。」

3. 組織學員進行討論。上面提出的問題是沒有答案的，因為不能從上面的信息得到他們是否還有其他的兄弟。

◎遊戲討論

1. 為什麼有許多學員能夠給出「精確」的答案？

2. 在溝通中傾聽的重要性。

3. 傾聽別人的說話後，應怎樣利用已有的信息進行判斷？

4. 也可以用下面的問題引出討論。

爺爺指著紅色的牡丹對兩個孫子說：「能告訴我這朵花是什麼顏色嗎？」一個孫子回答說：「能。」另外一個回答說：「紅色。」

5. 還可以用下面的問題引出討論。

小明的媽媽有四個兒子，大兒子叫做大毛，二兒子叫做二毛，三兒子叫做三毛，那四兒子叫做什麼？

培訓小故事

鯊魚也有脆弱面

作為海底王國的統治者，鯊魚已經厭煩了管理工作中所能遇到的全部艱辛和痛苦。它終於承認，原來自己也有脆弱的一面。它多麼渴望自己可以像其他動物一樣，享受與朋友相處的快樂生活；能在犯錯誤時得到朋友的提醒和忠告。

它問海豹：「我在你的心目中是朋友嗎？」

海豹勉強擠出笑容回答：「當然，你在我的心目中是最偉大的朋友。」

鯊魚說：「既然如此，為什麼我每次犯錯誤時，都得不到你的提醒和忠告呢？」

海豹想了想，小心翼翼地說：「作為您的屬下，我可能對您有一種盲目崇拜，所以看不到您的錯誤。也許您應該去問一問企鵝。」

鯊魚又去問企鵝。

企鵝身子轉了一圈又一圈，討好地說：「海豹說得對，您那麼偉大，有誰能夠看出您的錯誤呢？」

管理者除了與下屬進行工作溝通以外，還要經常保持感情上的溝通。管理者只有保持與下屬的經常性溝通，才能讓下屬瞭解和信任自己。

6 青蛙跳水

◎遊戲目的
· 訓練學員養成認真傾聽的習慣。
· 讓學員體會傾聽的重要性。

◎遊戲人數
不限

◎遊戲時間
20分鐘

◎遊戲場地
不限

◎遊戲道具
無

◎遊戲步驟

1. 讓學員圍成一圈，培訓師宣佈遊戲規則。

2. 從其中的一位學員開始，大家試著輪流說一句話：「一隻青蛙跳下水，咚！」每人只能說一個字，第一個學員說「一」，第二個學員說「隻」，第三個學員說「青」，依此類推，直到第八名學員響亮地說「咚」。從第九名學員開始，按每人只說一個字的方式輪流說完「兩隻青蛙跳下水，咚！咚！」這一句話；剩下的學員按以上的方式繼續說「三隻青蛙跳下水，咚！咚！咚！」（隨著「青蛙」

的數量不斷增加,「咚咚」的次數也逐次增加)。

3. 遊戲過程中會笑聲不斷,學員如果不認真傾聽,很可能就會出現「接力」錯誤。

4. 遊戲結束後,培訓師組織學員就傾聽的重要性及傾聽技巧等問題展開討論。

7 積極傾聽

◎遊戲目的

· 讓學員體會溝通過程中傾聽的重要性。

· 提高學員的傾聽能力。

◎遊戲人數

3 人一組

◎遊戲時間

30 分鐘

◎遊戲場地

不限

◎遊戲道具

無

◎遊戲步驟

1. 將學員分為三人一組,培訓師宣佈遊戲規則。

傾聽過程中的 7 種回應方式			
回應方式	釋義	用途	舉例
評價式	透過判斷，表示同意或不同意，或提出忠告	當一個主題經過深入探討後，可以採用這種回應方式表達意見	「我並不想從中得到什麼好處。」
碰撞式	挑戰對手，澄清信息並找到對方的矛盾點和不連貫點	幫助對方澄清想法或感情，幫助他們把問題想得開些	「我沒有準時來見你並不意味著我不重視你。」
轉移式	轉移問題的焦點，使話題轉移到自己選擇的問題上來	當需要比較時可以轉移話題，讓對方知道其他人也有相似的經歷	「你的話讓我想起去年發生的事情，記得當時……」
探測式	要求對方澄清所說的內容或提供進一步的信息或例子	當需要詳細的信息來幫助理解對方所說的內容時，可以問清情況	「是的，我是來晚了，但你能告訴我為什麼你覺得我不重視你嗎？」
重述式	重覆對方所說的內容，以便確定對方說話的真正含義或緣由	幫助澄清雙方的意思，並鼓勵對方更加深入地溝通	「很明顯，你顯得很不高興，因為你認為我不尊重你。」
平靜式	降低與言語有關的感情強度，並幫助對方安靜下來	當對方懷疑溝通的必要性時，鼓勵其繼續溝通下去	「其實我並不是不尊重你，這次遲到實在是無法控制呀。」
反射式	用不同的字眼將聽到的內容回饋給對方	反射式能幫助雙方聽到和理解對方的講話，這有助於對談話的理解和接受	「你是說我是故意遲到，對你不公平。」

2. 每組的三個人輪流扮演發言者、傾聽者和觀察者三種角色，每種角色每人扮演一次。三種角色的任務分別是：發言者要不停地說話，話題不限；傾聽者要認真傾聽發言者的講話，並在必要的時候做出回饋；觀察者觀察發言者與傾聽者的語言、表情和動作。

3. 遊戲結束後，培訓師組織學員進行經驗分享，說出彼此在遊戲進行中的感受

培訓小故事

牛羊怎知豬的苦

一隻小豬、一隻綿羊和一頭奶牛，被關在同一個畜欄裏。有一次，牧人捉住小豬，它大聲嚷叫，猛烈地抗拒著。綿羊和奶牛討厭它的嚎叫，便抗議道：「煩死了！牧人常常捉我們，但我們並不大呼小叫。」

豬聽了回答道：「捉你們和捉我完全是兩回事。捉你們，只是要你們的毛和乳汁，但是捉住我，卻是要我的命啊！」

良好的溝通需要換位思考，只有站在客戶的立場上進行思考，成為客戶的顧問，才能達到銷售的目的。行銷人員總是本能地關心自身的利益，而忽略了客戶的感受，這是與客戶進行有效溝通的最大阻力。

8 舉起手來

◎遊戲目的

· 訓練學員在傾聽時集中注意力。

· 培養學員的溝通技巧。

◎遊戲人數

不限

◎遊戲時間

10 分鐘

◎遊戲場地

不限

◎遊戲道具

每組一份《動作命令表》（見附件）

◎遊戲步驟

1. 將學員分為兩人一組（假設兩人中一人為甲、一人為乙），將《動作命令表》發給各組的甲學員。學員甲按照《動作命令表》向學員乙發出動作指令，學員乙要在聽到動作命令後的三秒鐘內做出正確的動作。一旦乙動作錯誤或超時，則將重新開始遊戲。

2. 培訓師宣佈遊戲規則，讓甲乙互換角色，再玩一遍。

3. 遊戲結束後，培訓師組織學員進行問題討論。

◎遊戲討論

1. 作為學員乙，你是否每次都能做出正確的動作？如果不能，原因是什麼？

2. 如果你是學員甲，你認為那一個動作命令更容易讓乙犯錯？

3. 透過這個遊戲，大家得到了怎樣的啟示？

附件　動作命令表	
學員甲發出的動作命令	學員乙應進行的正確動作
舉起左手	舉起左手
放下左手	放下左手
不要放下左手	舉起左手
放下右手	不做任何動作
不要不放下右手	不做任何動作
不要不放下左手	放下左手
請在下個命令中舉起右手	不做任何動作
舉起左手	舉起雙手
千萬不要不舉起左手	不做任何動作
不要放下右手	不做任何動作
不要不放下左手	放下左手
千萬不要不舉起右手	不做任何動作
舉起雙手、原地跳一下、放下右手	舉起左手、原地跳一下、放下右手
放下右手	不做任何動作
千萬不要不舉起左手	不做任何動作
不要不放下雙手	放下左手

9 想想看，如何荒島求生

◎遊戲目的

私人飛機墜落在荒島上，只有 6 人存活。這時逃生工具只有一個只能容納一人的橡皮氣球吊籃，沒有水和食物。你必須竭盡全力說服其他人讓你登上橡皮氣球。

◎遊戲人數

集體參考

◎遊戲時間

30 分鐘

◎遊戲道具

六張面具分別代表不同的角色。

◎遊戲步驟：

「最富特徵的意外災難，莫過於飛行災難的突然發生，個人會感到無能為力，也不可能作什麼特別準備。飛機失事以後能存活的希望是很小的，這不僅是因為飛機失去控制以後極容易爆炸，而且即使你死裏逃生，還會有意想不到的危難在等著你。現在我們就一起體驗一下逃離死亡的感覺。」

隨意挑選六個學員，對他們進行角色分配：

1. 孕婦：懷胎 8 月，即將孕育出小生命。

2. 發明家：正在研究新能源（可再生、無污染）汽車，這種汽車

可使人類擺脫能源污染，保護生態環境。

　3. 醫學家：經年研究愛滋病的治療方案，已取得突破性進展。

　4. 宇航員：即將遠征火星，尋找適合人類居住的新星球。

　5. 生態學家：負責熱帶雨林搶救工作組。

　6. 流浪漢：沒有固定職業。

　給他們有限的時間（約 3 分鐘）來寫下自己大致的理由，以此來理清自己的「辯護思路」。

　具體操作：

　1. 針對由誰乘坐氣球先行離島的問題，各自陳訴理由。

　2. 覆述並評價前一人的理由再進一步陳訴自己的理由。

　3. 交叉詢問任何一個你認為處於弱勢的角色，力圖說服他人接受你的理由。

　4. 最後，由全體成員根據覆述別人逃生理由完整與陳述自身理由充分的原則，投票決定可先行離島的人。

　遊戲說明的道理（可以請學員一起談看法）：

　1. 認真聆聽別人的話，記住別人的想法，這樣別人才會相信你，才會讓你去求救。由此可見，聆聽表達同樣重要。

　2. 根據學員的表現評價：好的表達／壞的表達。

◎**遊戲討論**

　1. 怎樣才能用語言文字闡明自己的觀點、意見或抒發思想、情感？

　2. 這一練習是否有助於你提高自己的表達能力？

　3. 什麼樣的語言最吸引你，會給你留下最深刻的印象？

　4. 你會因為別人接受了你的觀點而開心嗎？

5. 現在你認為你對這一群體的參與程度如何？

培訓小故事

阿維安卡 52 航班的悲劇

　　1990 年 1 月 25 日，阿維安卡 52 航班在甘迺迪國際機場上空盤旋了近兩個小時後，由於燃油耗盡，墜毀於長島，機上 73 人全部遇難。

　　以下是整個過程的描述：1990 年 1 月 25 日晚 7 時 40 分，阿維安卡 52 航班飛行在美國南新澤西海岸上空 3.7 萬英尺高空。機上的油量可以維持近兩個小時的航程，在正常情況下，飛機降落至紐約甘迺迪機場僅需不到半個小時的時間，這一緩衝保護措施可以說是十分安全。然而此後發生了一系列耽擱。首先，晚上 8 時整甘迺迪機場航空交通管理員通知 52 航班的飛行員，由於嚴重的交通問題，他們必須在機場上空盤旋待命。8 時 45 分，52 航班的副駕駛員向甘迺迪機場報他們的「燃料快用完了」。

　　管理員收到了這一信息，但在 9 時 14 分之前，飛機仍沒有被批准降落。在此之前，阿維安卡機組成員再沒有向甘迺迪機場傳送任何情況十分危急的信息，但飛機座艙中的機組成員卻相互緊張地通知他們的燃料供給出現了危機。

　　9 時 14 分，52 航班第一次試降失敗，由於飛行高度太低及能見度太差，因而無法保證安全著陸。當甘迺迪機場指示 52 航

班進行第二次試降時，機組乘員再次提到他們的燃料將要用盡，但飛行員卻告訴管理員新分配的飛機跑道「可行」。

9時31分，飛機的兩個引擎失靈，1分鐘後，另外兩個也停止了工作，耗盡了燃料的飛機於9時34分墜毀於長島。

在長達兩小時等待過程中，飛行員一直說他們「燃油不足」，交通管制員告訴調查者這是飛行員們經常使用的一句話。

當被延遲時，管制員認為每架飛機都存在燃油問題。

但是，如果飛行員發出「燃油危急」的呼聲。管制員有義務優先為其導航，並盡可能迅速地允許其著陸。一位管制員指出，「如果飛行員表明情況十分危急，那麼所有規則程序都可以不顧，我們會盡可能以最快的速度引導其降落的。」

遺憾的是，52航班的飛行員從未說過「情況緊急」，所以甘迺迪機場的管制員一直未能理解到飛行員所面對的真正困難。

調查表明，飛行員的文化傳統和機場的職權，使得飛行員不願聲明緊急情況，一旦緊急情況正式報告後，飛行員需要寫出大量的書面彙報。另外，如果發現飛行員對飛行油量計算錯誤，聯邦航空局就會吊銷其飛行執照。這一系列的因素使得飛行員不願發出緊急呼救，而飛行人員的專業技能和旅客的生命則成為了他們的賭注。

良好的溝通對於任何群體和組織的工作效果都十分重要。事實上，對於人際衝突來說，溝通不良可能是主要的原因。研究表明，如果不算睡眠時間，人們用近70%的時間進行溝通，因此缺乏有效的溝通是阻礙群體工作績效的最大障礙。

第七章

發問能力遊戲

1 猜人名遊戲

◎遊戲目的

訓練組員熟練使用封閉式問題的能力。訓練組員組織問題及分析所得到的資訊。

◎遊戲人數

分 5 人一組，20 人一個班最為適合，這樣就有 4 個小組。

◎遊戲時間

15-20 分鐘。

◎遊戲場地

教室。

◎**遊戲道具**

4頂寫有名人名字的高帽，4把椅子。

◎**遊戲步驟**

①在教室前面擺4把椅子。

②每組選一名代表為名人坐在椅子上，面對小組的組員們。

③培訓師給坐在椅子上的每一位名人帶上寫有名人名字的高帽。

④每組的組員除了坐在椅子上的自己不知道自己是什麼名人，其他人員都知道，但誰都不能說出來。

⑤現在開始猜，從1號開始，他必須要問封閉式的問題如「我是……嗎」如果小組成員回答是，他還可以問第二個問題。如果小組成員回答不是，他就失去機會，輪到2號發問，如此類推。

⑥誰先猜出自己是誰者為勝。培訓師應準備一些小禮物給勝出隊。

◎**遊戲討論**

你認為哪一位名人提問者最有邏輯性？

如果你是名人，你會怎樣改進提問的方法？

詢問是獲得資訊的重要方式。

有效的提問不但可以提高獲得資訊的品質，還可以提高溝通的效率。

培訓小故事

改善關係用讚美

在同一家公司任職的李小姐和蘇小姐素來不和。

有一天，李小姐忍無可忍地對另一個同事王先生說：「你去告訴蘇小姐，我真受不了她，請她改改她的壞脾氣，否則沒有人願意搭理她！」

王先生說：「好！我會處理這件事。」

以後李小姐遇到蘇小姐時，蘇小姐既和氣又有禮，與從前相比，簡直判若兩人。

李小姐向王先生表示謝意，並且好奇地問：「你是怎麼說的？竟有如此神奇的效果。」

王先生笑著說：「我跟蘇小姐說：『有好多人稱讚你，尤其是李小姐，說你又溫柔、又善良、脾氣好、人緣更佳！』如此而已。」

同事之間，缺少知心的溝通，就會相互猜疑，互挖牆腳，只看重自己的價值，忽視其他人的價值。

對待同事的缺點或錯誤，有時候反向的讚美會比正面的批評更有效果。良好的溝通，不僅會消除矛盾，更會讓人與人之間的心靠得更近，關係更緊密。

2 讓你瞭解別人

◎遊戲目的

相對於生理特點來說，人的性格本質似乎是流動性的。發現生活，改造乏味的生活，發掘潛藏的性格，討論成才的方法，寄託人生的希望；透過選擇探索人類心理的工具——性格分析——來認識自我、瞭解他人，從而消除成功的障礙，釋放與身俱有的性格力量，享受全面成功的生命快樂。

性格隨著週圍環境的變化而發生微妙的變化，以致於對它的測驗使心理學家們費盡心機。下面的遊戲，請你在認真思考的基礎上，以最快速度誠實地完成，以表達你對別人的看法。遊戲的目標是鼓勵參加者放鬆，介紹人們在性格方面是有差異的。

◎遊戲人數

不限

◎遊戲道具

方形，三角形，六邊形，圓形，文字資料，投影片，圖表

◎遊戲時間

4 分鐘

◎遊戲步驟：

「20 世紀最大的發現，就是人們可以透過改變自己心靈的方式去改變人生。你有個性嗎？是的，一個人失去了個性，也就失去

了靈性，失去了對大自然的感受，再成功也不會有感動自我的滿足和令人欣慕的命運。偉大的秘訣，首先就在於去掉自以為是地被封在只有有限能力的軀體內的可憐想法。個性是半個生命，喪失個性就是半個死亡。怎樣瞭解你的個性，發揮你的個性？這不只是由你自己的觀點所能決定，它還需要別人的幫助。難道你不想知道，你在別人眼裏是個什麼樣的人嗎？讓我們一起來完成這個遊戲吧。」

1. 分發一份畫有 4 種幾何圖形的影本給每一個參加者，指導每一個參加者選擇一項最能代表他（她）個性的圖形和其他參加者的圖形。圖形為：方形，三角形，六邊形，圓形。

2. 透過「投票」表決分別統計 4 個選項的總數。

3. 接下來進一步建議每個參加者認真選擇與各種類型相關的細節特徵。

4. 評估別人的看法與你的看法之間的差異。

性格類型：

1. 方形：這類人是有智慧的，目標明確，理性，並且是一個優秀的決策者。

2. 三角形：這類人是堅強的，可信賴的，保守的，意志堅定的。

3. 六邊形；這類人總是不滿於現狀的，相信直覺的，有冒險精神的。

4. 圓形：這類人具有強烈關注性。

◎遊戲討論

1. 在那些方面別人的看法與你的是截然不同的？

2. 透過這種測試是否可將人的個性進行劃分？

3. 將人定型危險嗎？

4.要學員在弄清自己的優勢和劣勢之後，決定下一步做什麼。

培訓小故事

司馬探問諸葛亮

三國時，諸葛亮第六次出兵伐魏，魏國任命司馬懿為大都督，率軍拒敵。

經過幾次較量，司馬懿接連失敗，損失很大，就連自己也險些被蜀軍燒死。於是，他傳令眾將堅守營盤，不許出戰，以圖拖垮蜀軍。

諸葛亮多次向司馬懿挑戰，魏軍皆不出戰。於是諸葛亮準備了一個大盒子，派使者送到魏軍大寨。

司馬懿接見了來使，當著眾將的面把盒子打開，見裏面有一套女人衣服和一封書信。司馬懿拆開書信，是諸葛亮寫的：「你是魏國大將，現在不敢出戰，與女人有什麼區別！現派人送女人衣服一套，如果再不出戰，就把它穿上。」

司馬懿看完大怒，但仍然笑著穿上了衣服，並下令好好款待來使。「你家丞相的寢食情況如何？要處理的事情多嗎？」司馬懿問道。

使者很自豪地回答：「我家丞相夙興夜寐，一些懲罰的小事他都會親自處理，每天的食量非常少。」

司馬懿對手下的將領說：「孔明寢食少，處理的事情卻煩而

多，恐怕活不長了。」

　　使者辭去，回報諸葛亮。諸葛亮感歎道：「他對我真是太瞭解了！」

　　果然，沒過多久，諸葛亮因為心力交瘁，病死於軍中。

　　看似稀鬆平常的問題，往往隱藏著發問者的深謀遠慮。有效發問，才能探知有效信息。

3 猜題的技巧

◎遊戲目的

訓練學員的推理能力，訓練學員的發問技巧。

◎遊戲人數

4 人

◎遊戲時間

20 分鐘

◎遊戲場地

不限

◎遊戲道具

卡片（上面有這樣的句型：我喜歡＿＿＿＿＿）兩張

◎遊戲步驟

1. 將學員分為兩人一組，小組中一人為回答者，另一人為提問

者。

2. 培訓師將卡片交給兩個小組的回答者，請他們將句子補充完整，如：我喜歡踢足球；同時回答者不能讓別人看到自己所寫的內容。

3. 培訓師將補充完畢的卡片收回，並宣佈遊戲規則。

4. 遊戲開始後，兩組的回答者要互相猜出對方在卡片上補充的內容；兩組提問者的任務是在遊戲開始後，用十分鐘的時間向對方小組的回答者進行提問，對方小組回答者只能回答「是」或「否」；當本組的提問者向對方問完問題回來後，回答者就可以向本組的提問者問問題了，但本組的提問者只能回答「是」或「否」；小組回答者根據自己對本組提問者的詢司，猜測對方在卡片上補充的內容，最後猜測內容與對方補充內容最接近的小組獲勝。

5. 遊戲結束後，培訓師組織學員就發問技巧等問題進行討論。

心得欄

 培訓小故事

直言相告未必對

　　金小姐在職場上已經打拼了好多年,各種各樣的人和事遇到過不少。但她總是很容易得罪人,原因是她心裏總擱不住事兒,有什麼就說什麼,從來不會隱瞞自己的觀點。

　　有的同事把茶水倒在紙簍裏,弄得滿地是水,她會叫他不要這樣做;有的人在辦公室裏抽煙,她會請他出去抽;有的人愛沒完沒了地打電話,她就告訴她不要隨便浪費公司的資源……她這樣做是好心,可是,卻沒得到好報,反而把同事們都得罪了,每個人對她都有一大堆意見,甚至大夥兒一起去郊外也故意不叫她。有一次她實在氣不過,就向經理反映,沒想到經理也不怎麼支持她,弄得她更加被動。她非常想不通,明明自己實話實說,為什麼結局是這樣的?

　　實話實說本身並沒有錯,心胸坦蕩、為人正直這是許多人都讚賞的美德,但實話實說也要考慮時間、地點、對象以及他人的接受能力。

　　溝通是一種藝術,與同事溝通更應採用委婉的語言,用建議代替直言,用提問代替批評,同樣的意思採用不同的表達方式就會收到不一樣的效果。

　　如果說話過於直率,言辭過於生硬或激烈,不但無法達到善意的初衷,還會給自己帶來溝通上的麻煩。

提問犯人的技巧

◎遊戲目的

訓練組員提問的技巧。

培養組員尋找詢問線索的能力。

◎遊戲人數

不限，3 人一組。

◎遊戲時間

15 分鐘。

◎遊戲場地

教室。

◎遊戲道具

案件情景卡片若干。

◎遊戲步驟

①一個人模擬嫌疑犯，其他兩人充當有競爭關係的員警。

②將情景卡片發給類比嫌疑犯，5 分鐘的時間準備，時間到，遊戲開始。

③由兩位模擬員警輪流提問，模擬嫌疑犯每次只能回答「是」或「不是」，如果所問問題在卡片上沒有相應資訊，類比嫌疑犯保持沉默。

④一旦模擬嫌疑犯回答「是」，提出相應問題的模擬員警就得

1 分；如果回答「不是」或者保持沉默，不得分；如果某一模擬員警的問題使模擬嫌疑犯連續三次保持沉默，則扣 1 分。

⑤情景卡片所提供的案情內容不能過於簡單，可以根據遊戲的情況調整難度。在規定的時間內，得分最多者獲勝。

◎遊戲討論

你的詢問是否有效？

你能通過詢問找出下次詢問問題的關鍵嗎？

有效的詢問可以短時間內發現所需資訊的線索。

在詢問的過程中，要學會應用封閉式提問方式，以便獲得更加準確的資訊。

培訓小故事

店主賣李子，詢問知對方

一條街上有兩家水果店。一天，有位老太太要買李子，她到了第一家店，問：「有李子賣嗎？」

店主馬上迎上前說：「我這裏的李子又大又甜，剛進的貨，新鮮得很呢！」沒想到老太太一聽，竟扭頭走了。店主很納悶：奇怪啊，我那裏得罪老太太了？

老太太來到第二家水果店。店主馬上迎上前說：「老太太，買李子啊？我這裏的李子有酸的也有甜的，您想買那一種？」

「酸的。」於是，老太太買了一斤酸李子回去了。

第二天，老太太又來買李子，第二家水果店的店主看到了，主動把老太太迎了過去：「老太太，還買酸李子嗎？我這裏有又酸又大的，您要多少？」

「我想要一斤。」老太太說。一切仿佛都和前一天的情形一樣。但第二位店主一邊稱酸李子，一邊搭訕道：「一般人都喜歡甜的李子，可您為什麼要買酸的呢？」

老太太回答說：「兒媳婦懷上小孫子啦，特別喜歡吃酸的。」

「恭喜您老人家了！您兒媳有您這樣的婆婆真是福氣。不過孕期的營養很關鍵，經常吃些獼猴桃等維生素豐富的水果，對寶寶會更好！」

這樣，老太太不僅買了李子，還買了一斤獼猴桃，而且以後經常來這家店裏買各種水果。

在面對新顧客時，要透過發問準確發現顧客的需求，不能以自己為中心想像顧問的需求。貨賣熟人錢。當你與顧客認識後，應透過發問不斷挖掘顧客的潛在需求。

5 最佳溝通是雙向交流

◎遊戲目的

這個遊戲讓你練習如何使其他人的貢獻以自然的方式表達出來。在這個過程中，他們會發現，這些貢獻經常會帶領他們進入一種新的境界(有時候還非常有趣)。

◎遊戲時間

30 分鐘

◎遊戲道具

一塊白板或一張圖表

◎遊戲主題

好的溝通包括清晰的發送信息和準確的接受信息的兩個方面。他們應該費盡心機地使別人按照他們定好的計劃來工作。他們對於即使不怎麼有價值的下級的意見，也都給予很積極的回應。甚至在面對懷有惡意的責難時，他們也不失敬意，他們會假想這個提問者至少有一些誠懇的動機。

所有這一切使他們的同事感覺他們自己是這家公司的真正主人，這是一種真正的雙向交流。(在幾乎所有直接見面情況下的交流不都是這樣的嗎?)這種輪流互動式的交流更容易讓他人接受。就我個人而言，這種極有價值的方式也是我所認同的。另外，這種方式也可以減少管理者本人的壓力。他們不必再討論所有智慧的出

處！他們這些管理者都意識到一些很重要的事情：只要他們願意挖掘，在他們的聽眾中有著大量的知識資源。那麼，他們的會議一定會因為他們的這種意識而成功。

◎遊戲步驟

「一位教師讓他（她）四年級的學生列出著名諺語的單子，並且讓他們提供每個諺語的原始出處。下面是一些他們交上來的例子。」（註釋：選擇你自己喜歡的。）

當你把灑水車放在草坪上時，草會更綠。

一塊滾動的石頭像在演奏吉它。

沒有新聞就沒有報紙。

點一隻蠟燭總比浪費電要好。

在我睜開眼之前，世界總是最黑暗的。

如果你不能忍受熱，不要點著火爐。

發生「吱吱」聲的車輪讓人心煩。

早睡早起，身體好。

床下沒有什麼新東西。

不要數你的小雞——這需要很長時間。

你笑，世界也會隨你笑。你哭，就會有人大叫：「停止！」

「如果孩子們尚且有如此多的智慧，那麼設想一下那些成年聽眾能提供給你什麼。事實上，我們所有人都可以有一些有趣的東西奉獻出來。這不一定總是很順利地適合正在進行的會議。但是在通常情況下，如果我們透過表面現象看本質，我們就會發現一種始料不及的聯繫。這對你們的會議可能有不可估量的好處——只要你們願意去發掘藏在岩石後的黃金。」

1. 讓你的學員兩人一組，做一個與學習有關的演出（例如：兩個有共同經歷的人做同一個題目）。把這寫在白板或圖表上。

2. 選擇 4 個自願者在這些小組面前扮演角色。

3. 讓自願者們玩 Faux Ro-sham-Rzo，讓他們做最常見的剪刀——石頭——布的遊戲。第一次做出同樣手勢——剪刀、布或者石頭的兩個人就成為 A 組，剩下兩個自願者就成為 B 組。

4. A 組是這場戲的演員，B 組是為他們提示台詞的助手。B 組挨著 A 組的同伴站著，他們的肩膀被拍一下時，就要把接下來的那句台詞告訴 A 組。然而整個場景都是臨時準備的——沒有人知道「下一句」是什麼，因此 B 組要說他們認為 A 組人想聽到的任何台詞。A 組的工作是接受 B 組人給他們的任何台詞，然後充分演好它，就像這些東西是他們自己頭腦中已有的一樣。要自願者挑戰自我，讓他們按照這個場景中最能發揮他們自己想法的方法去做。畢竟，每個人都傾向於他們自己的想法。真正的挑戰是實踐一種幾乎沒有一個演講者能真正掌握的藝術——舞台共用！

5. 你自己先演示一下這種做法。透過說一些積極的事情而開始。「我非常榮幸可以有機會與你一起合作，阿爾文，你——」然後拍一下 B 組人的肩膀。這個人可能立即接上，「——總是與我的立場一樣。」結合著他提供的東西說出你的獨白，「——總是與我的立場一樣。事實上，我完全信任你。因此——」再次拍 B 組人的肩膀。他也許會說：「那麼，你認為昨天我向老闆提交的計劃怎麼樣？」立即這樣說：「那麼，你認為昨天我向老闆提交的計劃怎麼樣？告訴我實情。你知道我會非常信任你的判斷。」又一次拍 B 組人的肩膀：「請與我坦誠相對。」說：「請與我坦誠相對。我必須知道我做

的怎麼樣……」讓你的自願者觀看你與你的同伴以這種方式交流，然後讓他們散開。

6.給這些自願者 5 分鐘左右的時間去做他們即席的角色。然後，在適當的時刻(參考「做好本遊戲的技巧」)，介入並且說：「好的！女士們先生們，讓我們聽一聽演員們在說什麼吧！」全場會給予熱烈的掌聲，請你們成功的自願者返回他們的座位。

◎ 遊戲討論

1.觀察 A 組人員：⑴朝一個特定的方向走；⑵請求 B 組人員說出台詞；⑶如果為了傳達台詞，必要時，A 可以交換方向。你同樣也要觀察 B 組人員，試著給他們提供一些台詞，使他們不會弄出很大的笑話，但是又最能幫他們的同伴演好這出戲。觀看人們全神貫注地想使自己的想法生效的過程有什麼感覺？這令人很愉快嗎？你笑了嗎？為什麼？如果他們每個人都試圖表演一出鬧劇，與一個人的表演會有什麼不同？

2.對 A 組人員：你為了轉換並適應 B 組的場景台詞必須要做些什麼？做這種轉換時感覺如何？怎麼才能使這個過程更容易一些？

3.對 B 組人員：為 A 組人提供台詞並使所有這一切做到最容易，你需要做些什麼？當 A 組人員用你的台詞順利表演時，你有什麼感覺？要點：你感覺到更大程度的參與了嗎？

4.對所有自願者：你的想法與當時場景中發生的一切要一樣，你有什麼感覺？你是否有過對這種結果失望的感覺？你是否有過又驚又喜的感覺？

5.你來我往的方式會使這個遊戲變得更有趣，還是適得其反？

為什麼？

◎遊戲總結

在 5 分鐘左右出現一句能令大家開懷大笑的台詞時，作為培訓師可以趁大家歡笑的時刻，及時作一些積極鼓勵的評論，給這次練習以很高的評價，這會使自願者更加有信心，更好地做完這個遊戲。

提醒你的自願者，他們不應以遲鈍的、瘋狂的或古怪的方式來做這個遊戲。再者，這個遊戲的關鍵點是最公平的合作——願意與其他人一起分享合作的快樂。

培訓小故事

到底是誰的錯誤

吳經理以前是某跨國公司的職業經理人，負責南大區的運作，職位已經很高了，但總感覺到有「玻璃天花板」，才能沒有充分發揮，很苦惱。正好有個機會結識了民營企業家張先生，經過「甜蜜的戀愛」以後，被重金聘為銷售部經理。

但剛上任 3 個月，銷售代表小李被客戶投訴貪污返利，審計部去查，果真如此，返利單據上面還有吳經理的簽名。這件事，惹得總經理很是光火，於是他親自到銷售部質問此事。

場景一

「我不知道你是怎麼當經理的，」張總對吳經理說，「你手下的銷售代表竟然膽敢貪污客戶的返利，這麼長時間了，你居然

不知道？要等到客戶投訴到我這裏才知道，也不知道你是怎麼做管理的。」

「我也知道了這件事，」吳經理辯解道，「按照流程，小李是把返利單報到我的助理那裏，她審一下，整理好，給我簽字，我的工作也多，可能沒有看清楚。」

「是沒有看清楚那麼簡單嗎？你的工作比我多嗎？」張總懷疑地看著吳經理。

吳經理無奈地說道：「是我工作的疏忽，回頭我會和助理商量改進工作流程，並要求公司處理她，也請處理我。」

「處理助理能補回公司的損失嗎？這件事應該負全責的是你！」張總對於吳經理這種模糊的態度很氣憤。

「是這樣的，」吳經理繼續辯解道，「張總，你也知道我剛來，銷售部很多關係還沒有理順，我們都知道，這個助理很能幹，在工作上是一把好手。但她和我的關係，我感覺總存在問題，沒有理得很順，甚至有時，我要順著她的意思來簽署一些文件。畢竟我是新來的，要有適應的階段，我保證今後，這樣的事情一定不會發生了，你再給我一次機會吧。」

「本來我過來，是來瞭解一下事情的原因，並不是要處理你的，」張總說道，「不過現在得考慮一下你的能力問題了。」

場景二

當老闆沒有問起來就要直接到老闆辦公室，和老闆彙報這個事情的過程和自己的建議。

「張總，這個事情是我的疏忽，我應該仔細審一下返利單

的，如果仔細一點，嚴格一點可能就不會這樣了。我要為這事負責任。」吳經理對張總說道。張總緊繃著的臉鬆弛了一點，緩和地說：「這個事情的影響很壞，你知道別的部門會怎麼想？別的銷售代表會怎麼想？很可能對你以後的工作開展不利。」

「沒有辦法，既然這樣了，我就要為這個事情負責，我服從公司的決定。」吳經理恭敬地說。

「處理你不是根本的辦法，關鍵是以後不出這樣的事情，你有什麼好的建議嗎？」

「我覺得還是以後把返利直接由財務部計算出來，再在客戶下一次進貨時扣除，這樣就不通過銷售代表了，沒有人為的干擾了。」

「這樣也是一個辦法，但銷售代表手上的資源就更少了，你以後要和他們協調起來更難了。不過這是個好辦法，我看就出個制度，把這個事情固定下來。」張總贊許地說。

「怎麼樣，工作上有什麼問題嗎？」張總問。

「還好，我現在的助理可以幫我很大的忙，一般都是她審核，整理以後，給我簽字。畢竟她是公司的老員工，對公司的情況比我瞭解。在這3個月，她對我的支持很大，我已經對公司的基本運作有了比較清楚的瞭解，我想是不是給這麼優秀的員工一個機會，讓她能有更好的發展空間？」吳經理說(暗示，並借時機解決助理的問題，在誇獎助理的同時，也向老闆暗示了自己的苦衷，讓他來想進一步的安排。有時也可以直接說，這要看老闆的性格而定)。

　　「她的事情要由你來安排，這是你們部門內部的事。」張總
說。

　　從場景一的對話來看，兩個人在溝通上都有問題，吳經理在
老板眼中是代表銷售部的，只要是銷售部出了問題，無論責任是
多是少，一定有吳經理的責任；但反過來不一定成立，銷售部有
功勞，不一定是銷售部經理的功勞。所以當出了狀況時，張總問
起來，吳經理要首先認錯，而不是推脫，更不是拿小小的助理墊
背，這些行為都為老闆不齒，一定會遭到怒斥。這些是缺乏責任
心的表現，公司的經理都不願意承擔責任了，怎麼能管理員工
呢？員工怎麼能服從呢？

　　老闆知道出了問題，懲罰當事人不是唯一辦法，關鍵是不讓
問題發生。有人主動承擔責任了，大家才好儘快靜下心來，尋找
解決問題的辦法，否則人人自危，怎麼有心思想辦法呢？大家花
時間在誰是責任者上糾纏，這種糾纏在老板眼中沒有很大的意
義，除非確實能起到「殺一儆百」的作用。

　　反過來看場景二，只有經理先把責任扛下來，下屬才可能和
經理一起想出根本的解決問題的辦法，而不是想責任到底在誰。
所以無論從老闆的角度，還是從下屬的角度，經理都要首先跳出
來承擔責任。而承擔了責任的經理會得到上司的看重，也得到下
屬的擁戴，這樣反而更「安全」。

6 猜價格

◎遊戲目的
· 訓練學員的發問技巧。
· 提高學員的分析能力。

◎遊戲人數
10 人

◎遊戲時間
20 分鐘

◎遊戲場地
不限

◎遊戲道具
每組 5 張商品圖片(圖片後面標有該商品的價格,兩組的商品不能相同)

◎遊戲步驟
1. 將學員平均分為兩組,每個小組各有 5 張商品圖片,小組的任務就是猜出圖片中商品的價格,每個學員猜一種商品。

2. 培訓師宣佈遊戲規則,開始遊戲。

3. 在猜商品價格時,學員給出的價格如果高於真實價格,培訓師會說「高了」;學員給出的價格如果低於真實價格,培訓師會說「低了」;依此類推,直到學員正確猜出商品價格。最後,將小組 5

名學員所用的時間相加，用時最短的小組獲勝。

4. 遊戲結束後，培訓師組織學員就發問技巧等問題進行討論。

7 我是什麼

◎遊戲目的

· 提高學員的發問能力。

· 訓練學員的問題分析能力。

◎遊戲人數

20 人

◎遊戲時間

30 分鐘

◎遊戲場地

教室

◎遊戲道具

貼有名詞卡片的帽子若干頂

◎遊戲步驟

1. 將學員均分為四組，每組選出一名代表。在教室前面並排放上四把椅子，各組代表分別坐到椅子上，面對小組的其他成員。

2. 培訓師將事先準備好的帽子戴到各組代表的頭上，不能讓小組代表看到自己所戴帽子上的名詞，其他學員也不能說出帽子上的

名詞。

3. 從左邊的小組代表開始，他向本組的其他學員問封閉式問題，如「我是…嗎？」；該小組的學員只能回答「是」或「不是」。如果小組成員回答「是」，則該代表還可以繼續問第二個問題；如果小組學員回答「不是」，那麼他將喪失發問權，輪到下一組的代表發問，依此類推。先猜出自己帽子上名詞的小組獲勝。

4. 遊戲結束後，培訓師組織學員進行問題討論。

◎遊戲討論

1. 作為小組代表，你在發問時做過怎樣的考慮？你採取了怎樣的策略？

2. 作為獲勝小組的代表，你的經驗是什麼？

3. 在工作中，我們應當如何提高發問技能？

培訓小故事

表達善於用辭彙

　　林小姐是一家廣告公司的總經理。年初，公司與電視台簽訂了合同，承辦了電視台的一檔半個小時的汽車欄目。為了辦好這個欄目，公司引進了一個新的合夥人，新的合夥人非常有能力，但是雙方在工作中難免會產生一些摩擦，常會因為一些小事情產生爭執。

　　一天，因為林小姐修改了他的方案，兩個人又產生了爭執。

林小姐隨口說出:「不行就散夥吧。」

合夥人聽了後沒有再說什麼,但是,從那天起,兩個人的矛盾逐漸加深。後來,合夥人對林小姐講述了自己的看法,覺得林小姐說出「散夥」二字在他聽來特別刺耳。林小姐這時才知道,這個合夥人幾年前離了婚,所以對「散夥」二字特別敏感。

其實林小姐也不是真的想「散夥」,她只是隨口說說,根本沒想到對合夥人會有這樣大的傷害。

溝通從心開始,同事之間溝通更要注意考慮對方的感受。

良言一句三冬暖,惡語傷人六月寒。在溝通前,應該認真思考對方能夠接受什麼樣的語言、什麼樣的方式。只有選擇對方能夠接受的方式和方法進行溝通才能取得成功。

8 運用邏輯能力來解決問題

◎遊戲目的

· 訓練學員的發問技巧。

· 提高學員的邏輯思維能力。

◎遊戲人數

不限

◎遊戲時間

30 分鐘

◎遊戲場地

室內

◎遊戲道具

無

◎遊戲步驟

1. 將學員平均分為兩組，兩個小組輪流向培訓師提問，推測案情的起因，針對各組的問題，培訓師只能回答「是」、「否」及「與案情無關」。

2. 培訓師向學員交代案情，最先正確推測出案情起因的小組獲勝（如果兩個小組同時推測出了案情起因，則比較那個小組更接近案情真相）。

3. 培訓師宣佈案情真相（見附件），評出獲勝組。

4. 培訓師組織學員進行問題討論。

◎遊戲討論

1. 怎樣才能更快地透過發問弄清事情的真相？

2. 在提出問題時，各小組怎樣防止對手透過自己提出的問題更快知道事情的真相？

3. 各組內部有沒有賽前溝通，協調內部的提問策略？

附件　案情真相

　　在一個夏夜的湖邊，一對熱戀中的青年男女正在談情說愛，由於夏夜炎熱，男孩去買飲料解渴，留下女孩在湖邊等候。結果十五分鐘之後，男孩回來了，他發現女孩已經不在原來的地方了，於是這個男孩在湖的週圍大聲呼喚她的名字，但沒有人回應。時間一分一秒地過去了，男孩越想越擔心，一種不祥的預感籠罩在他的心頭。「撲通」一聲，男孩跳到湖裏，在湖裏尋找愛人的足跡，他在湖底摸索了許久，除了一些像水草一樣的東西外什麼也沒有發現，因為擔心水草會有危險，於是他放棄了在湖底尋找。上岸之後，這個男孩沿著湖邊繼續尋找。這時他看到湖邊有一個亮著燈的小木屋，於是上前敲門，開門的是一位陌生的老人。

　　「老大爺，您有沒有看到一位長頭髮、穿紅色裙子的女孩？」

　　「沒有。」

　　男孩失望地離開了這裏。

　　多年以後，當年的男孩故地重遊，他把愛人失蹤的遭遇包括在湖裏尋找的經過一五一十地告訴了當地的一位陌生人。

　　「我是這個湖的看守員，這個湖裏幾十年來都沒有長過一根水草。」

　　原來，這個男孩當年在湖裏摸到的不是水草，而是那位女孩子的長髮。聽到這句話，男人什麼也沒說就跳到湖裏殉情了。

9 特殊表達

◎遊戲目的

· 訓練學員的發問技巧。

· 提高學員的語言表達能力。

◎遊戲人數

不限

◎遊戲時間

15 分鐘

◎遊戲場地

不限

◎遊戲道具

無

◎遊戲步驟

1. 將學員分為兩人一組，小組中一人為發問者，另一人為回答者。

2. 培訓師將各組的發問者帶到僻靜處，說明他們的遊戲任務：遊戲開始後，培訓師會告訴你們.句話（這句話與回答者有關），你們要向回答者提問（不能用反問，提問中也不能有引導，如「為何不……？」等），讓他們透過自己的回答逐漸明白你們的意思。例如，培訓師告訴你的話是「讓說話者讀讀《三同演義》」，你可以向

回答者問如下問題「你喜歡讀小說嗎？」「你對歷史小說怎麼看？」「你覺得《三國演義》值得看嗎？」……直到回答者明白你想讓他讀《三國演義》這本書。

　　3. 培訓師告訴各組發問者一句話，開始遊戲。

　　4. 遊戲結束後，培訓師組織學員進行問題討論。

　　◎遊戲討論

　　1. 作為發問者，你是如何讓本組的回答者更快地明白你的意思的？

　　2. 作為發問者，在遊戲中你都使用了怎樣的發問技巧？

培訓小故事

辦公室佈局

　　有一家工廠，縫紉機的佈置不便於進行交談，但管理者不久就發現能提供交流機會的佈局能提高生產率，相互交流把人們從常規單調的工作中解脫出來，並且不會破壞生產力。另外管理者還有經常關注辦公室佈局是否會影響員工休息時的交流。該廠的梁廠長說：「辦公桌的安排使需要談話以協調工作的人們感到方便，試想如果被一寬闊的走廊隔離開，員工們不得不隔著走道高聲交談，這種做法給他人造成了影響，最終將導致溝通不暢。」

　　辦公室佈局對於交流方式的潛在影響提出了幾個基本問題，辦公室設計的一個問題是為每位員工提供一個封閉的工作

間，還是營造一個開放的、視野開闊的工作區間，員工互相之間僅用低檔板隔開(或不打隔離)。一些員工在工作中希望保有隱私和個人空間的需要。許多人希冀建立一個自己的員工區域——他們可以稱其為自己的領地，能主宰這裏的一切，工作室的劃分為員工們提供了擁有自己的一片天地的機會，可以設計、修改工作佈局，甚至根據個人喜好裝飾。另一方面，組織也許需要一個環境，鼓勵自由交流，參與相關任務的員工之間的交流心得及一種強烈的團隊歸屬感。

　　一些企業已經成功地做到了這一點，它們按照活動設置規劃辦公室，創造出的辦公室既包括屬於個人的基本空間，也有適合小組交流的空間，這種安排被證明能極為有效地為員工提供一個途徑，使員工們得以逃離電腦終端一段時間。另有一些組織創造辦公室社區，它們是相關的獨立辦公室中心，藉以形成社會群體。這種佈局建立在接近或親密能參加交往機會的思想上，由此而形成的群體組織對於滿足員工的歸屬需求貢獻很大。

10 底線

◎遊戲目的

· 訓練學員的反問技巧。

· 提高學員的商務談判能力。

◎遊戲人數

10 人

◎遊戲時間

30 分鐘

◎遊戲場地

室內

◎遊戲道具

無

◎遊戲步驟

1. 將學員平均分為兩組，其中一組為採購組，另一組為銷售組。

2. 培訓師講述遊戲情境：你們兩組人正在進行一場商務談判，採購組計劃從銷售組那裏購買一套設備，但對設備的價格雙方還存在一些爭議，你們的任務是問出對方的底線，爭取本組的最大利益。

3. 培訓師告訴兩人小組他們各自所能接受的底線，這個底線可以隨意設定，但要保證採購最高價大於銷售最低價。例如，採購組能給出的最高價是 100 萬，銷售組所能給出的最低價為 80 萬。

4. 遊戲結束後，培訓師組織學員進行問題討論。

◎**遊戲討論**

1. 作為採購組，你們是怎樣探問對方的底線的？

2. 作為銷售組，你們在探求對方底線時，採用了怎樣的發問策略？

3. 從這個遊戲中，大家應當掌握怎樣的發問技巧？

培訓小故事

麻雀國王不聽勸

田野上，麻雀們在自己的王國裏愉快地生活著，其中有一隻老麻雀生活經驗豐富，甚至能預測最小的風和雨。

有一次，在黃麻播種的季節，老麻雀看到一個農民在地裏播種，便向麻雀國王進諫道：「國王陛下，這是一個巨大的危險，您難道沒有看見那只手正慢慢地從空中伸過來？它會把我們都毀掉，這一天已經不遠了，就要到了。到了這一天，一些機關將會出來包圍我們，我們會因為這些機關而葬送性命或被關入牢籠。所以，」老麻雀繼續說道，「我們要把這些種子吃掉！請相信我！」

麻雀國王說：「你多慮了！恬靜優美的田野，怎麼可能變得那麼可怕。」

當黃麻地變綠的時候，老麻雀王又對麻雀國王說：「陛下，

請趕快下令拔掉這些可惡的嫩苗，這件事與我們王國的命運攸關。」

麻雀國王卻有點不高興了：「你老是預言什麼災禍，是不是對我的統治不滿意，想要動搖民心啊？」

當黃麻長得很高還沒收割時，老麻雀再次對麻雀國王說道：「國王陛下，情況可不太妙，當人們管理麥田時，他們就會帶著捕鳥圈、捕鳥網來了，到時，請您告訴小鳥們不要再到處亂飛亂跑，要不待在家裏，要不到其他地方去。最好藏到某個牆洞裏去，這是最保險的方法。」

麻雀國王非常生氣，認為老麻雀在故意和他過不去，就沒有按照他的話去做。

結果，麻雀王國的許多小鳥後來鹹了籠中之鳥。

管理者要善於同下屬溝通，積極聽取並吸收員工的合理建議和意見。

管理者針對「逆耳」的言詞要善於分析，明辨「忠言」，以免造成無可挽回的損失。

有時「唱反調」的下屬的提醒有助於管理者發現自己的過失和不足，使管理者避免決策上的失誤。

11 有效發問猜答案

◎遊戲目的

· 培養學員快速準確地分析信息的能力。

· 提高學員的問題分析能力和銷售技巧。

◎遊戲人數

20 人

◎遊戲時間

30 分鐘

◎遊戲場地

教室

◎遊戲道具

幾頂寫有名詞的帽子

◎遊戲步驟

1. 把學員分成四組，在教室前面並排擺放四把椅子。

2. 每組選一名代表作為猜謎者坐到椅子上，面對小組其他成員。

3. 培訓師給座椅上的猜謎者戴上一頂寫有一個名詞的高帽（名詞如水果名、人名或動物名等）。每組成員除了帶帽子的人之外，都知道這個詞是什麼，但不能直接說出來。

4. 從 1 號猜謎者開始猜，他必須要問封閉式的問題，如「我

是……嗎？」之類的問題，回答者只能用「是」或「不是」來回答。
如果小組成員回答「是」，他還可以問第二個問題；如果回答「不
是」，他就失去了機會，輪到下一組的猜謎者，即 2 號發問，以此
類推。

5. 先猜出自己是誰的隊伍為贏。

◎遊戲討論

1. 可以先大量地問一些籠統的問題。例如，當你知道自己是一
種水果時，可以問「我生長在南方嗎？」等，以充分利用「是」的
機會。

2. 可以利用這個名詞的特點提問。例如，猜水果時可以問「我
是不是黃色的？」或「我的味道好嗎？」等。

12 記者 VS 明星

◎遊戲目的

訓練學員與陌生人有效溝通的能力，提高學員的發問技巧。

◎遊戲人數

30 人

◎遊戲時間

10 分鐘

◎遊戲場地

不限

◎遊戲道具

無

◎遊戲步驟

1. 將學員分為兩人一組，各組中，一人為八卦雜誌記者，另一人為被採訪的明星。

2. 記者可以問明星任何問題，明星必須說真話，也可以拒絕回答。三分鐘後，小組中兩人互換角色，重新開始遊戲。

3. 遊戲結束後，培訓師組織學員進行問題討論。

◎遊戲討論

1. 作為記者，你是怎樣向明星提問的？有什麼策略嗎？

2. 作為明星，當遇到難以回答的問題時，你是如何處理的？

3. 透過這個遊戲，大家學到了怎樣的溝通技巧？

 培訓小故事

換個角度說服太后

戰國時代，趙惠文王死了，孝成王年幼，由母親趙太后掌權。秦國乘機攻趙，趙國向齊國求援。齊國說，一定要讓長安君到齊國做人質，齊國才能發兵。長安君是趙太后寵愛的小兒子，太后不讓去，大臣們勸諫，趙太后生氣了，說：「再有勸讓長安君去

齊國的，老婦我就要往他臉上吐唾沫！」左師觸龍偏在這時候求見趙太后，趙太后怒氣衝衝地等著他。

觸龍慢慢走到太后面前，說：「臣的腳有毛病，不能快跑，請原諒。很久沒有來見您，但我常掛念著太后的身體，今天特意來看看您。」

太后說：「我也是靠著車子代步的。」

觸龍說：「每天飲食大概沒有減少吧？」

太后說：「用些粥罷了。」這樣拉著家常，太后臉色緩和了許多。

觸龍說：「我的兒子年小才疏，我年老了，很疼愛他，希望能讓他當個王宮的衛士。我冒死稟告太后。」

太后說：「可以。多大了？」

觸龍說：「十五歲，希望在我死之前把他託付給您。」

太后問：「男人也疼愛自己的兒子嗎？」

觸龍說：「比女人還厲害。」

太后笑著說：「女人才是最厲害的。」

這時，觸龍慢慢把話頭轉向長安君的事，對太后說，父母疼愛兒子就要替他做長遠打算。真正疼愛長安君，就要讓他為國建立功勳，不然一旦「山陵崩」(婉言太后逝世)，長安君靠什麼在趙國立足呢？

太后聽了，說：「好，長安君就聽憑你安排吧。」於是為長安君準備了上百輛車子，到齊國做人質。齊國於是派兵救趙。

觸龍很懂得使用溝通的方式和方法。他謙和、善解人意，在

整個談話過程中，避免與太后正面衝突。他站在太后的角度想問題，讓自己的意見變成太后自己的想法。他沒有教太后做什麼，而是幫助太后自己去發現應該做什麼，最終使看似沒有商量餘地的太后接受了自己的意見。

沒有溝通，就沒有管理。溝通是人與人之間思想和信息的交換。著名管理學家巴納德認為「溝通是把一個組織中的成員聯繫在一起，以實現共同目標的手段」。所以，管理活動需要通過溝通才能進行。

人與人在知識結構和經驗上的認識、看法、高度都不一定是一致的，對待不同的事物，會有不同的認識和看法，因而採取溝通的方式方法也應迥然不同。要用別人容易理解和接受的語言和方式進行溝通，以達成溝通目的為目標，不能總認為「良藥苦口利於病，忠言逆耳利於行」。企業管理中的溝通也可以像觸龍一樣「忠言順耳」，這樣豈不是更利於行嗎？

心得欄 _____

第 八 章

溝通技巧遊戲

1 團隊溝通的下棋手法

◎遊戲目的

培養學員的團隊溝通,訓練學員的溝通技巧。

◎遊戲人數

12 人

◎遊戲時間

40 分鐘

◎遊戲場地

不限

◎遊戲道具

象棋兩副

◎遊戲步驟

1. 將學員分為三人一組，保證每組中至少有一人會下象棋。

2. 培訓師宣佈遊戲規則：

①現在，各組要參加一場象棋比賽，你們四組是殺人決賽階段的隊伍；每兩個小組將按照中同象棋的規則進行比賽，最後由勝者爭奪冠亞軍，負者爭奪季軍。

②在比賽中，每個小組的三人（假設為 A、B、C）要輪流下棋，即 A 走第一步、B 走第二步、C 走第三步，然後又輪到 A，一直循環下去，直到比賽結束。

③各小組在比賽巾，輪到某個學員（假沒是 A）下的時候，其他學員（B 和 C）在其需要幫助的時候才可以提出意見（只有 A 請求 B、C 提供意見的時候，B、C 才可以發表意見）。

④比賽中，走每一步棋的時間限定在 30 秒以內，如果超時，則由對手繼續走棋。

⑤如果小組中有人不會下棋，則由會下的學員進行指導。

3. 給各級十分鐘的準備時間（各組研究戰術，會下棋的學員教不會下棋的學員下棋）。

4. 遊戲結束後，培訓師組織學員就溝通技巧、團隊合作等問題展開討論。

培訓小故事

安全只要 20 元

小華是一位自行車推銷員。有一次，一對夫婦帶著一個小孩來車行看車，小華熱情地接待了他們，但他並不多言，只是請他們自己慢慢看。最後，這對夫婦選中了某型號的車，但他們嫌這輛車比其他品質相近的貴了 20 元。這時，小華說:「你們的這種感覺我同樣有，但以後你們會發現，這 20 元是花得最值得的部份。因為，這輛車有一個非常好的名字，叫做『你放心吧』，它有一個非常好的剎車器，這個剎車器經久耐用，使用簡單，更重要的是安全可靠。

「太太，您的小孩騎自行車，您最擔心的是什麼？當然是安全，對不對？多花 20 元買一個安全，您難道不覺得太值得了嗎？而且，一輛車，您小孩至少會使用 5 年吧？5 年只多了 20 元，每天多了不到幾厘錢，還有什麼好顧慮的呢？」

這對夫婦想想小華的話，覺得很有道理，於是就購買了這輛車。

抓住客戶的心理，就能洞悉客戶的需求，從而有效把握銷售商機。

站在客戶的角度想問題，你的問題也會迎刃而解。

2 趕羊入圈

◎遊戲目的

· 訓練學員的溝通技巧。

· 提高學員的非語言表達能力。

◎遊戲人數

30 人

◎遊戲時間

45 分鐘

◎遊戲場地

操場或空地

◎遊戲道具

眼罩 28 副；哨子 2 個

◎遊戲步驟

1. 將學員分為兩組，每組 15 人；各組中由 1 人擔任「牧羊人」，其他 14 人擔任「羊」。培訓師將「牧羊人」支開，將「羊」的遊戲任務告訴擔任「羊」的學員。

2. 將各組的「羊」的眼睛蒙上，培訓師佈置遊戲場地：培訓師在地面上兩個邊長為 5 米的正方形，代表羊圈。

「羊」的遊戲任務：遊戲開始後，你們的仟務就是聽從「牧羊人」的安排，但你們惟一的溝通方式是學羊叫，即發出「咩咩」聲，

所以現在你們要統一你們的叫聲，例如，叫一聲「咩」表示什麼意思，叫兩聲表示什麼意思，你們要儘快拿出統一的意見。

3.培訓師把兩個「牧羊人」帶到偏僻處，給他們說明遊戲任務，將口哨發給「牧羊人」，開始遊戲。

「牧羊人」的遊戲任務：遊戲開始後，你們的任務就是要儘快把自己小組的「羊」趕進「羊圈」，但你們不能和「羊」直接對話，你只能透過吹口哨的方式表達意思，最先將羊全部趕緊圈裏去的一組獲勝。

4.遊戲結束後，培訓師組織學員就非語言溝通與溝通技巧等問題進行討論。

培訓小故事

驢效狗態真可笑

主人家裏養著一隻小狗和一頭驢。每天當主人回來時，小狗總是飛快地迎上去，又是搖尾巴又是親熱地叫喚，主人也總是高興地撫摸小狗，小狗還會不時地伸出舌頭溫柔地舔舔主人的臉。

驢子看著這一切，心中很是不快，心想自己只這樣埋頭苦幹不行，活幹得多還經常挨打，小狗什麼也不幹還得寵，看來要想辦法與主人聯絡感情。拿定主意的驢子等主人回家入門時也大叫著迎了上去，把蹄子搭在主人的肩上，伸出了舌頭。主人又驚又怒，使勁把它推開，驢子重重地摔在了地上，又被狠狠地打了幾

鞭子。

在溝通時，要根據自己的特點，使用能讓別人接受的溝通方式。適合別人的，不一定是適合自己的，不可以機械地模仿他人的溝通方式。

3 你的溝通目標是什麼

◎遊戲目的

在任何時候，只有知道對方到底想要什麼，才能很好地做到滿足對方的需要，這個遊戲就透過培訓師與學員之間的溝通說明了這一點。

(1)專案剛開始前的溝通與交流

(2)團隊協作性的培養

(3)激發新成員的學習積極性

◎遊戲人數

集體參與

◎遊戲時間

10 分鐘

◎遊戲場地

室內

◎遊戲道具

紙筆

◎遊戲步驟

1. 給每一個學員發一張「我的目標」卡，給他們 2 分鐘時間，讓他們講今天來這裏上課的目的是什麼，他們想從這個課程裏面得到什麼。

2. 接下來讓大家分享一下他們來這裏的目的，評選出最有代表性的問題等等。

3. 如有可能，請將這些卡片保留至課程結束。那時讓學員對照自己寫的卡片來回味培訓對他們的幫助。

◎遊戲討論

1. 大家分享一下彼此來此培訓的目的？這個遊戲對於以後的教學有什麼好處？

2. 這種方式還可以用在什麼地方？

◎遊戲總結

1. 這個遊戲不僅可以用在這種培訓課程的考試，還可以用於其他很多地方，例如新員工剛開始進入公司的交流，對於一個專案收益的提前估計。

2. 我們如果想要在學習和工作中獲得成功，就必須提前明確我們做每一步的目的和期望，確定我們最後得到的結果，以及實現目標的步驟，做到有備無患，才能獲得很好的結果。

3. 對於培訓師或上級來說，要能夠虛心、誠懇地接受學員和新員工的意見，根據他們的期望對於自己可以掌握的東西進行調整，即便不能改變的，也要說清楚，加強彼此之間的溝通，這樣才不會

影響以後的協作。

通天塔

《聖經‧舊約》上說，人類的祖先最初講的是同一種語言。他們在底格裏斯河和幼發拉底河之間，發現了一塊異常肥沃的土地，於是就在那裏定居下來，修起城池，建造起了繁華的巴比倫城。後來，他們的日子越過越好，人們為自己的業績感到驕傲，他們決定在巴比倫修一座通天的高塔，來傳頌自己的赫赫威名，並作為集合全天下弟兄的標記，以免分散。因為大家語言相通，同心協力，階梯式的通天塔修建得非常順利，很快就高聳入雲。上帝耶和華得知此事，立即從天國下凡視察。上帝一看，又驚又怒，因為上帝是不允許凡人達到自己的高度的。他看到人們這樣統一強大，心想，人們講同樣的語言，就能建起這樣的巨塔，日後還有什麼辦不成的事情呢？於是，上帝決定讓人世間的語言發生混亂，使人們互相言語不通。

人們各自操起不同的語言，感情無法交流，思想很難統一，就難免出現互相猜疑，各執己見，爭吵鬥毆。這就是人類之間誤解的開始。修造工程因語言紛爭而停止，人類的力量消失了，通天塔終於半途而廢。

團隊沒有默契，不能發揮團隊績效，而團隊沒有交流溝通，

也不可能達成共識。身為主管者，要能善用任何溝通的機會，甚至創造出更多的溝通途徑，與成員充分交流。惟有主管者從自身做起，秉持對話的精神，有方法、有層次地激發員工發表意見與討論，彙集經驗與知識，才能凝聚團隊共識。團隊有共識，才能激發成員的力量，讓成員心甘情願傾力打造企業通天塔。

4 奪寶奇兵

◎遊戲目的

∙ 考察學員的溝通能力與記憶力。

∙ 讓學員體會溝通中常出現的問題以及如何解決這些問題。

◎遊戲人數

20 人

◎遊戲時間

40 分鐘

◎遊戲場地

空地

◎遊戲道具

有吸引力的禮品(充當「寶物」)；紙：筆；粉筆；哨子

◎遊戲步驟

1. 將學員平均分為兩組。

2. 培訓師設定遊戲路線並佈置遊戲場地。

設定遊戲路線：培訓師在白紙上畫出 5×10 的方格子，然後在方格子裏設定兩組小組學員的預定前進路線（見附件），並標出「寶物」位置。路線不能讓學員看到。

佈置遊戲場地：培訓師在地面上用粉筆畫出 5×5 的方格子，但方格子裏沒有路線，同時將「寶物」放入相應位置。

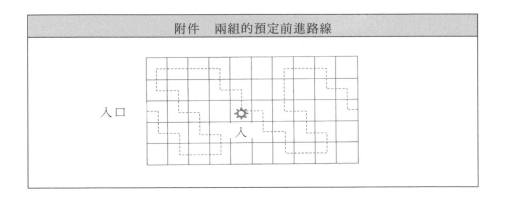

附件　兩組的預定前進路線

3. 給各組 10 分鐘的計劃時間，然後開始遊戲。

① 遊戲開始後，兩個小組的任務就是找出培訓師已經在紙上畫好的路線，看誰最先到達「寶物」位置，奪得「寶物」。

② 遊戲開始後，任何人都不得再說話，也不得問問題。

③ 兩個小組要根據培訓師的哨聲前進，即哨聲響一次，兩組學員各自前進一個方格；任何時候，一個方格內只允許有一名學員。

④ 學員每次只能走一格，不能在格子裏留下記號，只能按方格的前後左右走，不能走「米」字形。

⑤ 一旦小組中有人走錯了方格，培訓師便會把他帶到該組的隊

尾。

⑥小組中一旦有學員到達了「寶物」所在的方格，則該小組獲
勝，將擁有「寶物」。

4.遊戲結束後，培訓師組織學員對在受限條件下如何溝通及信
息如何回饋等問題展開討論。

5 傳物遊戲

◎遊戲目的

這個小遊戲將透過一個詼諧幽默的遊戲方法來使參與者明白
團隊合作的重要性，同時增進大家彼此之間的感情。

(1)幫助學員體會團隊合作的重要性、方法

(2)增進團隊凝聚力

◎遊戲人數

分成兩組

◎遊戲時間

10 分鐘

◎遊戲場地

空地

◎遊戲道具

牙籤，橡皮筋，凳子

◎遊戲步驟

1. 將學員分成兩組，一組學員排成一排，站在凳子上。

2. 給每位凳子上的學員發一隻牙籤銜在嘴裏，給第一位學員的牙籤上套一個橡皮筋，要求第二名學員用牙籤接住後向下傳。第三名接住後再往下傳……直到最後。

3. 站在地上的一組學員除了不能推凳子上的人外，可以用任何辦法進行干擾，如果橡皮筋掉了的話，就要重新開始。

4. 一組傳完後，兩組隊員交換角色。

◎遊戲討論

1. 當你們組的牙籤掉下來的時候，你有什麼感覺？當別人拼命阻止你的時候，你有什麼感覺？

2. 什麼時候是團隊凝聚力最強、最能發揮戰鬥力的時候？本遊戲對你們的日常工作有什麼啟示？

◎遊戲總結

1. 一個團隊最能發揮創造力的時候往往是有外敵入侵的時候，正像一個民族無論平時怎麼內訌，相互殘殺，在有外敵的時候還是會團結起來一致對外的，所以要想讓一個團隊發揮它最大的潛力一定要創造出一個假想敵來，然後是大家發揮出最大鬥志和最大潛力。

2. 本遊戲還可以幫助增進大家之間的友愛程度，增進團隊的團結度。

3. 促進參與者彼此之間的感情溝通

培訓小故事

病人面前頭別搖

有個醫學院的主任，帶著學生到附屬醫院上臨床實習課程。一群穿著白袍的實習學生，來到某一個病房前。

主任說：「等一下進去，大家看一看這個患者的症狀，並且仔細想想看他是什麼病。知道的就點頭，不知道的就搖頭；不要多說廢話，免得驚嚇病人，瞭解了嗎？」

眾實習學生連忙點頭，生怕給主任留下不良印象，影響學期成績。

病房中的病人患的是輕微的肺積水，躺在床上，看到一大群穿著白袍的「醫生」走了進來，心中不免有幾分緊張。

實習醫生甲進病房後，看了病人一會兒，咬著筆桿想了想，然後無奈地搖了搖頭。

實習醫生乙進病房後，把病人看來看去，用乞憐的眼光看著主任，想到自己可能要面臨重修的悲慘命運，眼角含著淚水，也是無可奈何地搖了搖頭。

接下來，輪到實習醫生丙。他看了看病人，只是歎了一口氣，一副垂頭喪氣的樣子，搖搖頭就走了出去。

當實習醫生丁開始看病人時，只見病人衝下床來，滿臉淚水地抓住他的手說：「醫生啊，請你救救我吧……我還不想死呀……嗚……嗚……嗚……」

面對不同的情況，應選擇不同的溝通方式。如果用了不恰當的溝通方式，即使你的出發點是好的，也可能沒有好結果。

站在他人的角度考慮問題，才不會讓自己的溝通方式給對方造成不好的影響。

6 溝通能力調查評估

◎遊戲目的

‧幫助學員認識自己的溝通能力現狀。

‧讓學員進行溝通技能的自我改善。

◎遊戲人數

不限

◎遊戲時間

15 分鐘

◎遊戲場地

室內

◎遊戲道具

個人溝通技巧評估表（見附件）

◎遊戲步驟

1. 給每個學員發一份《個人溝通技能評估表》，讓學員對自己的各項溝通技能進行評估。

附件　個人溝通技巧評估表		
溝通技能項	自我評分	他人評分
	適當 5　4　3　2　1 不適當 ◄──────────────►	
非語言溝通 眼神接觸		
面部表情		
姿勢		
聲調、語氣		
音量		
語言溝通 打開對話		
維持對話		
認真傾聽		
提出要求		
提出疑問		
讚美他人		
接受讚美		
批評他人		
接受批評		
向別人道歉		
接受道歉		
提出意見		
表達愉快的情緒		
表達不滿		
拒絕他人提出的要求		

2. 讓學員與熟悉自己的其他學員溝通，讓他們對自己的各項溝通技能進行評估，得出他們的綜合評分。

3. 讓學員進行自我評分與他人評分的對比，學員對自己的各項溝通技能進行打分，滿分為 5 分。

4. 遊戲結束後，培訓師組織大家進行問題討論。

◎遊戲討論

1. 你的自我評分與他人評分有多大的差距？產生差距的原因是什麼？

2. 你最薄弱的溝通技能項有那些？你計劃如何來克服？

3. 透過這個遊戲，大家對自己的溝通模式是否有了清晰的認識？

7 共同點與不同點

◎遊戲目的

· 鍛鍊學員與他人首次見面時的快速溝通能力。

· 提高學員在溝通中快速找到彼此興趣切入點的能力。

◎遊戲人數

45 人

◎遊戲時間

20 分鐘

◎**遊戲場地**

不限

◎**遊戲道具**

每人一份共同點和不同點表格（見附件）

附件 共同點和不同點表格		
姓名：＿＿＿＿＿＿＿＿＿		
請與盡可能多的人交流，找出你們的共同點和不同點。		
姓名	共同點	不同點
＿＿＿＿＿	＿＿＿＿＿＿＿	＿＿＿＿＿＿＿＿＿
＿＿＿＿＿	＿＿＿＿＿＿＿	＿＿＿＿＿＿＿＿＿
＿＿＿＿＿	＿＿＿＿＿＿＿	＿＿＿＿＿＿＿＿＿
4.＿＿＿＿＿	＿＿＿＿＿＿＿	＿＿＿＿＿＿＿＿＿
5.＿＿＿＿＿	＿＿＿＿＿＿＿	＿＿＿＿＿＿＿＿＿
6.＿＿＿＿＿	＿＿＿＿＿＿＿	＿＿＿＿＿＿＿＿＿
7.＿＿＿＿＿	＿＿＿＿＿＿＿	＿＿＿＿＿＿＿＿＿
8.＿＿＿＿＿	＿＿＿＿＿＿＿	＿＿＿＿＿＿＿＿＿
9.＿＿＿＿＿	＿＿＿＿＿＿＿	＿＿＿＿＿＿＿＿＿
10.＿＿＿＿＿	＿＿＿＿＿＿＿	＿＿＿＿＿＿＿＿＿

◎**遊戲步驟**

1. 將準備好的表格發給學員，每人一份。

2. 讓學員去尋找自己與他人的共同點與不同點，至少要找到十人，最先完成任務者獲勝。例如，共同點可以是：我們都是山東人；不同點可以是：他是學管理的，我是學會計的。

3. 遊戲結束後，培訓師組織學員進行問題討論。

◎遊戲討論

1. 快速完成任務的關鍵是什麼？
2. 作為獲勝者，你的經驗是什麼？
3. 透過這個遊戲，大家獲得了怎樣的啟示？

 培訓小故事

老虎想要聽意見

　　森林裏，老虎因其虎威而讓所有的動物都不敢接近它，更甭說當面提意見了。為了改變這種狀況，老虎召來忠誠的狼狗共商大計。

　　第二天，老虎把動物們召集到一塊兒說：「作為這片森林的統治者，聽不到不同的意見是非常危險的。所以，以後我要多召開這樣的會議，請大家在會上多提寶貴意見。」

　　聽到這裏，動物們對虎大王的話將信將疑。老虎接著說道：「這樣的會議是狼狗的建議，為了獎勵忠誠的狼狗，我特獎勵它一件虎袍。」

　　看著狼狗披上老虎獎勵的虎袍，梅花鹿鼓足勇氣說：「大王，狼族經常獵食我們，請您救救我們的同伴吧。」

　　老虎點頭稱讚說：「提得好，提得好！」並當即警告狼：「你們以後不得危害本王所轄區域內的梅花鹿，否則本王當以你們為食！」

接下來，羚羊又壯著膽子說：「大王，您有那麼大本事，應去和獅子較量較量，這樣既利於樹立大王您的威望，還能保護我們的同伴。」

老虎點點頭說：「有道理，有道理！」

獅子在虎威的震懾下，再也不敢去侵犯羚羊了。大森林裏的日子恢復了寧靜。

之後，老虎仍謙虛地向動物們徵求意見。「大家對我的幫助很大，對保持這片森林的寧靜做出了重大貢獻。以後還請各位知無不言、言無不盡，我一定洗耳恭聽、虛心接受。」

當管理者端著架子與下屬溝通時，下屬就會掩藏起真實的感受，讓管理者難以捉摸。

管理者必須善於溝通，積極聽取下屬的不同意見。

管理者與下屬溝通時，應學會適時恰當地運用標杆，發揮標杆效應。

8　找出失物

◎遊戲目的

· 訓練學員的溝通技巧。

· 提高學員的團隊溝通能力。

◎遊戲人數

15 人

◎遊戲時間

30 分鐘

◎遊戲場地

不限

◎遊戲道具

有規律的物品 1 套（這套物品由 16 個物品組成）；眼罩 15 副

◎遊戲步驟

1. 將準備好的物品拿出來，讓學員觀察三分鐘。

2. 三分鐘後，將所有學員的眼睛蒙上。培訓師從那套物品中拿出一個，然後將剩下的部份發給學員，每人一個。

3. 培訓師宣佈遊戲任務：剛才大家看到的那套物品中，我已經拿走了一個；現在你們透過溝通猜出我拿走的物品的形狀和顏色；遊戲過程中你們每人有一次向我提問的機會，但提出的問題只能與你們各自手中的物品有關；全過程中你們只能摸自己的物品，不得

觸碰其他人手中的物品。

4.遊戲結束後，培訓師組織學員進行問題討論。

◎遊戲討論

1. 大家在遊戲過程中的感覺如何？是否有信心找出被拿走的物品？

2. 你覺得遊戲過程中最大的障礙是什麼？

3. 你對其他人的溝通水準有何評價？有沒有改進建議？

 培訓小故事

溝通方式

一家網路公司由於受全球經濟危機的影響，公司經營受到嚴重打擊，於是決定裁員。第一次裁員，老闆通知全部被裁人員到會議室開會，在會議上宣佈被裁人員名單，並且要求每個被裁人員立即拿著自己的東西離開辦公室。結果，公司所有被裁員工都感到非常沮喪，甚至很多留下的員工也感到沮喪不已，這極大地影響了公司的士氣。

公司第二次裁員的時候，公司接受了上次的教訓，不是把大家叫到會議室裏，而是選擇了另外一種方式，單獨約見被裁人員到一間咖啡廳。在這樣的環境裏，說出公司的決策：由於公司的原因致使他暫時失去了這份工作，請他諒解，並給他一個月的時間尋找下一份工作。

　　這次裁員的效果和上一次相比有天壤之別，基本上所有的員工得知這個消息後都欣然接受，並且表示如果公司需要他的時候隨時可以通知，他會毫不猶豫地再回到公司。

　　這種方式能夠使被裁者和仍然留在公司的員工都能感受到公司對每一位員工的情誼。兩次裁員，由於選擇了不同的溝通方式，所得到的效果是截然不同的。

　　溝通方式決定溝通效果。溝通方式不同，溝通效果迥異。

　　正確的溝通方式能夠讓員工感到被尊重，從而達到意想不到的效果。

9 背後投球

◎遊戲目的
· 讓學員體會溝通能力對於績效成果的重要性。
· 提高學員的溝通能力。

◎遊戲人數
5 人

◎遊戲時間
10 分鐘

◎遊戲場地
操場或空地

◎遊戲道具

大垃圾桶(用來接球)1 個;網球(放在袋子或盒子裏)40 個

◎遊戲步驟

1. 從學員中找出一位志願者,讓他站到前面,面朝某一個方向,目視前方。

2. 把裝有 40 個網球的袋子交給志願者,志願者的任務是向身後的垃圾桶內投網球,至少要投中三個,在投球的過程中不能往後看。把垃圾桶放在志願者身後約 10 米處(不要放在正後方,要稍微偏一些)。

3. 培訓師向學員說明遊戲規則,其他學員給志願者做出提示,包括調整投球方向和力度。

4. 遊戲過程中要注意安全,避免球砸到人。為增加遊戲的難度和趣味性,還可以將志願者的眼睛蒙上。

5. 遊戲結束後,培訓師組織學員就如何加強溝通等問題進行討論。

 培訓小故事

不和客戶來爭辯

一次,推銷電器的推銷員阿裏森又到一家不久前他剛發展的新客戶那裏去,企圖再推銷一批新型的電動機。一到那家公司,該公司的總工程師威爾斯劈頭就說:「阿裏森,你還指望我們多

買你的電動機嗎？」

經瞭解，原來公司認為剛剛購買的那一批電動機發熱超過正常標準。

阿裏森瞭解情況後，知道爭辯沒有任何好處，便先說道：「好吧，威爾斯先生，我的意見和你相同，假如電動機熱度過高，應該退貨，是嗎？」

「是的！」總工程師堅定地說道。

阿裏森說：「按標準，電動機溫度可以比室內高出 72 度(華氏溫度)，是不是？」

「是啊！」總工程師說：「但你的產品卻比這高出很多，難道不是事實嗎？」

阿裏森也不爭辯，反問道：「你們車間裏的溫度是多少？」

總工程師略為思索，回答說：「大約 75 度。」

阿裏森興奮起來，對對方說：「那就對啦！車間是 75 度，加上應有的 72 度，一共是 147 度左右。如果您把手放到 147 度的熱水裏，是否會把手燙傷呢？」

總工程師雖然不情願，但也不得不點頭稱是。阿裏森接著說：「那麼，以後你不要用手去摸發動機了。放心！那完全是正常的。」結果，阿裏森又順利地賣出了他的第二批電動機。

客戶不一定永遠是對的，但是對於客戶的錯誤認識，行銷人員不應該直接予以反駁。

在行銷溝通中，應善於通過發問把顧客引導到自己的立場上去，進而說服對方。

10 換撲克牌

◎遊戲目的

· 訓練學員的團隊溝通技巧。

· 提高學員與上下級溝通的能力。

◎遊戲人數

7 人

◎遊戲時間

40 分鐘

◎遊戲場地

室內

◎遊戲道具

每人一個信封，信封裏有任務單（見附件）和 4 張撲克牌

◎遊戲步驟

1. 讓學員坐成三排，第一排為 A，第二排為 B、C，第三排為 D、E、F、G。

2. 將信封發給每個學員，給學員五分鐘時間看任務單。五分鐘後，開始遊戲。每排學員只能看到前排的人，不能看到後排的人。

3. 遊戲結束後，培訓師組織學員進行問題討論

◎遊戲討論

1. 作為 A，你是否最終帶領大家完成了遊戲任務？

2. 大家在遊戲過程中有沒有失誤？如果有，原因是什麼？

3. 透過這個遊戲，大家得到了怎樣的啟發？

附件　任務單	
A 的 任 務 單	你現在屬於一個團隊（組織結構如左圖所示），你是團隊主管者，B、C、D、E、F、G 都是你的下屬，其中 B、C 是你的直接下屬。你的遊戲任務是：請在 30 分鐘內，按照遊戲規則，將你所有下屬手中的撲克牌置換成同一花色或同一數字。 你應遵循的遊戲規則如下： 不能講話，若有不明白的地方，請詢問培訓師； 不能讓其他人看到你手小的撲克牌； 你可以和直接下屬 B、C 進行書面溝通（透過寫紙條的方式）； 可以和直接下屬 B、C 換牌，但每次只能換一張，而且你手中的牌在任何時候都應是四張（換牌的時候除外）； 不能越級換牌和交流（即不得同 D、E、F、C 換牌和交流）。
B/C 的 任 務 單	你現在屬於一個團隊（組織結構如左圖所示），A 是你的上級，C/B 是你的平級，DE/FG 是你的下屬。 你應遵循的遊戲規則如下： 不能講話，若有不明白的地方，請詢問培訓師； 不能讓其他人看到你手中的撲克牌； 你可以同上級 A 和直接下屬 DE/FG 進行書面溝通（透過寫紙條的方式）； 可以和上級 A 和直接下屬 DE/FG 換牌，但每次只能換一張，而且你手中的牌在任何時候都應是四張（換牌的時候除外）； 不能與平級及平級的下屬換牌和交流。

D/E 的 任 務 單	你現在屬於一個團隊(組織結構如左圖所示),B 是你的直接上級,E/D 是你的平級。 你應遵循的遊戲規則如下: 不能講話,若有不明白的地方,請詢問培訓師; 不能讓其他人看到你手中的撲克牌; 你可以同上級 B 進行書面溝通(透過寫紙條的方式); 可以和上級 B 換牌,但每次只能換一張,而且你手中的牌在任何時候都應是四張(換牌的時候除外); 不能與直接上級以外的其他人換牌和交流。
F/G 的 任 務 單	你現在屬於一個團隊(組織結構如左圖所示),C 是你的直接上級,G/F 是你的平級。 你應遵循的遊戲規則如下: 不能講話,若有不明白的地方,請詢問培訓師; 不能讓其他人看到你手中的撲克牌; 你可以同上級 C 進行書面溝通(透過寫紙條的方式); 可以和上級 C 換牌,但每次只能換一張,而且你手中的牌在任何時候都應是四張(換牌的時候除外); 不能與直接上級以外的其他人換牌和交流。

11 步調如何一致化

◎遊戲目的

· 訓練學員的溝通技巧。

· 培養學員的團隊溝通與合作精神。

◎遊戲人數

24 人

◎遊戲時間

30 分鐘

◎遊戲場地

操場或空地

◎遊戲道具

短繩（綁學員的腿用）若干

◎遊戲步驟

1. 培訓師在場地中畫兩條間距為 15 米的平行直線，分別代表遊戲的起點和終點。

2. 將學員分為八人一組，各組在起點線前排成橫隊，將各組中相鄰學員的相鄰的兩條腿綁在一起。

3. 培訓師宣佈遊戲任務：聽到比賽開始的口令後，各組從起點線開始前進，最先透過終點線的小組獲勝。在遊戲過程中，培訓師要注意學員的安全，防止學員摔倒。

4.遊戲結束後，培訓師組織學員進行問題討論。

◎遊戲討論

1.綁腿走路時，大家有什麼感覺？怎樣才能讓自己走得更快？

2.大家覺得個人走得快是否小組就能走得快？小組怎樣才能走得更快？

3.透過這個遊戲，大家獲得了怎樣的啟發？

 培訓小故事

沒人喜歡被否定

日本松下電器總裁松下幸之助以罵人出名，同時也以最會栽培人才出名。

有一次，松下幸之助對他公司的一位部門經理說：「我每天要做很多決定，還要批准他人的很多決定。實際上只有 40％的決策是我真正認同的，餘下的 60％是我有所保留的，或者只是覺得還算過得去的。」

經理覺得很驚訝，心想你不同意的事，一口否決就行了。

「你不可以對任何事都說『不』，對於那些你認為算是過得去的決定，你大可在實行過程中指導他們，使他們重新回到你所預期的軌跡。我想一個主管人有時應該接受他不喜歡的事，因為任何人都不喜歡被否定。」

管理者應盡量避免對下屬說「不」，減少使用「你不行」「你

不會」「你不知道」「也許」這些辭彙，只有這樣，才可以最大程度地減少對下屬積極性的打擊。

　　提高下屬的自信，是管理者與下屬溝通的重要目的。管理者應學會通過友善的詢問和關切的聆聽給下屬以信心。

12 蒙眼正方形

◎遊戲目的
・訓練學員的溝通技巧。
・提高學員的團隊溝通與協作能力。

◎遊戲人數
不限

◎遊戲時間
30 分鐘

◎遊戲場地
操場或空地

◎遊戲道具
繩子(長 20 米) 1 根；蒙眼布(與人數相同)

◎遊戲步驟
1. 將全體學員的眼睛蒙上。
2. 讓每名學員都握住繩子，全體學員的任務是把繩子拉成一個

正方形。

　　3. 在遊戲過程中，所有學員的右手都要接觸到繩子。

　　4. 遊戲結束後，培訓師組織學員就溝通技巧等問題展開討論。

 培訓小故事

否定對方要有技巧

　　A國一家貿易公司的經理設計了一個商標，開會徵求各部門的意見。營業部主任和廣告部主任都極力恭維經理的構思很棒，只有出口部的主任表示了不同的意見。

　　「我不同意這個商標。」出口部主任說。

　　「你不喜歡這個設計？」經理吃驚地問。

　　「我倒不是不喜歡這個設計，」出口部主任說：「我只是擔心它太好了。」

　　經理笑了起來：「這話我不懂，你解釋看看。」

　　「這個設計鮮明而生動，又與 A 國國徽相似，無論那個 A 國人都會喜歡的。」

　　「是啊，我的意思就在此。」經理說。

　　「然而我們還有一個更重要的市場，那就是 B 國。B 國人看到這個商標，無疑也會想到 A 國國徽，B 國和 A 國本有歷史糾紛，這樣帶有鮮明 A 國特色的商標，不會引起 B 國人反感嗎？」

　　「天啊！我倒沒有想到這一層，你的話對極了。」經理幾乎

叫了起來。

　　在提出反對意見時，首先應肯定對方觀點中的正確部份，再指出對方觀點帶來的消極影響。

　　要想否定對方，首先應肯定對方。在溝通時要讓對方先走下台階。

心得欄

第 九 章

回饋能力遊戲

1 「肖像」素描

◎遊戲目的

讓組員學會在溝通中注意傾聽並做出正確反應。培訓在合作中
及時做出正確回饋的能力。

◎遊戲人數

15 人。

◎遊戲時間

視人數而定。

◎遊戲場地

教室。

◎遊戲道具

每個人準備紙和筆。

◎遊戲步驟

①請每人寫下他打算問剛剛結識的人 1 個問題。建議他們發揮一下創造力，不要問那些平淡無奇的問題。

②1 分鐘後，請所有的人起身在房間內走動，交流問題與答案，並在回答人的姓名下做好記錄。鼓勵他們在隨後的 5 分鐘內去跟盡可能多的人打交道。

③宣佈時間到，請參訓人員回到座位，並開始有序地做自我介紹。

④在每個人做自我介紹時，鼓勵其他人用在剛才的交談中得知的情況進行補充。這樣，最終會給每個參訓人員拼出一幅全面生動的「肖像」。

◎遊戲討論

在別人補充的情況中，哪些較為有趣？能否在「正常」談話裏得知這些情況？為什麼？

事實證明哪些問題不能獲得有效回饋？為什麼？

積極的回饋能夠顯示出對他人想法的尊重，從而獲得別人的信任和好感。

積極的回饋能夠加深團隊成員之間的理解，有助於提升團隊的合作力。

 培訓小故事

蹲下以後才看清

一位母親在耶誕節帶著 5 歲的兒子去買禮物。大街上迴響著聖誕讚歌，櫥窗裏裝飾著彩燈，喬裝可愛的小精靈載歌載舞，商店裏五光十色的玩具應有盡有。

「一個 5 歲的男孩將以多麼興奮的目光觀賞這絢麗的世界啊！」母親心想。然而她沒想到，兒子卻緊拽著她的大衣衣角，嗚嗚地哭出聲來。

「怎麼了？寶貝，要是總哭個沒完，聖誕精靈可就不到咱們這兒來啦！」

「我⋯⋯我的鞋帶散開了⋯⋯」

母親不得不在人行道上蹲下身來，為兒子系好鞋帶。母親無意中抬起頭來，啊，怎麼什麼都沒有？沒有絢麗的彩燈，沒有綴滿彩燈的櫥窗，沒有聖誕禮物，更沒有裝飾豐富的餐桌⋯⋯

原來那些東西都太高了，孩子什麼也看不見。映在他眼中的只是一雙雙鞋和婦人們低低的裙擺，在那裏互相摩擦，碰撞⋯⋯

好可怕的情景！這是這位母親第一次從 5 歲兒子目光的高度觀察世界。她非常震驚，立即起身把兒子抱了起來。

從此這位母親牢記，再也不要把自己認為的「快樂」強加給兒子，而是要站在孩子的立場看問題，母親通過自己的親身體會認識到了這一點。

管理者如果從自身角度去理解員工，那麼你會覺得下屬的想法和做法常常難以理解。所以管理者必須站在下屬的角度和立場與下屬溝通。

缺乏換位思考的溝通會使主管者和下屬的想法出現偏差。管理者只有真正做到換位思考，才能得到下屬的理解和尊重。

2 人際關係的重要

◎遊戲目的

認識回饋在人際交往中的重要性，讓學員體會積極回饋的重要意義。

◎遊戲人數

35 人

◎遊戲時間

45 分鐘

◎遊戲場地

教室

◎遊戲道具

無

◎遊戲步驟

1. 將全部人員分為七組，分別為 A1、A2、A3、A4、A4、A6、

A7，每組選出一位小組代表。

2. 先在組內進行學員間的自我介紹，要求介紹姓名、工作單位、職位和愛好等。

3. 小組代表進行兩分鐘的介紹，要求將組內每一位學員的情況介紹完整，還可加上自己的評價（大家可以提問）。

4. 當 A1 小組介紹完，A2 和 A3 小組代表要對 A1 小組的發言做一句話的評價（評價應該是積極、正面的）。

5. 當 A2 小組介紹完，A3 和 A4 小組代表要對 A2 小組的發言做一句話的評價。

6. 以此類推，直到所有小組介紹完畢。

◎ 遊戲討論

1. 這個遊戲非常適用於大家初次見面、互相瞭解的階段。你是否容易記住別人？你是用什麼方法加強記憶的？

2. 自我介紹和介紹別人，那一種方法更容易令你印象深刻？

3. 你是否善於讚揚別人？

4. 你是否善於尋找其他成員的共同點？

5. 如果彼此認識一段時間了，只要將問題做一下調整，也可以取得不錯的效果。

6. 作為培訓師，要鼓勵學員對別人的發言做出積極、正面的評價，這樣可以使關係融洽，提高培訓效果。

7. 作為遊戲的參與人員，不要羞於發言以及對別人做出評價，因為自始至終都要相信自己在和家人玩遊戲，和家人一起玩有什麼放不開的呢？

培訓小故事

巧借魯肅話傳到

　　東漢末年，曹操率軍南下，一舉吞併荊州，然後屯軍赤壁，矛頭直指江夏的劉備，並威脅江東的孫權。劉備力量比較弱小，只有聯合孫權共同抗曹，才有生存的希望。但是，孫權正處於是戰是降的矛盾中。為了防止孫權投降，促成孫劉聯盟，劉備派遣諸葛亮前往江東做說服工作。諸葛亮經過舌戰群儒、智激周瑜，成功地促使孫權下定決心聯合劉備抵抗曹操。他任命周瑜為大都督，傾全國之兵迎戰曹軍。

　　周瑜發現諸葛亮才氣過人，便派人前去說服諸葛亮為江東效力。但並未成功，於是他便有了殺人之心。

　　一天，周瑜請諸葛亮前去議事。周瑜說：「我想讓先生帶兵去斷曹操糧道，請不要推辭呀。」

　　諸葛亮知道周瑜要害他，但拒絕必為其所笑，於是欣然領命。諸葛亮走後，魯肅問周瑜：「你安排孔明去，是什麼意圖呢？」

　　周瑜得意地說：「我想殺他，恐被人譏笑，所以借曹操之手除掉他，以絕後患。」

　　魯肅聽後很不忍心，於是去見諸葛亮。他見諸葛亮正整點軍馬準備出發，臉上一點畏難之情也沒有。他替諸葛亮擔心，便暗示道：「先生此去能成功嗎？」

　　諸葛亮笑著說：「我水戰、步戰、馬戰、車戰，無一不精，

各盡其妙，何愁不能成功。而你們的都督周瑜只會一種水戰，和我是沒法比的。」

魯肅回來便把諸葛亮的話告訴了周瑜，周瑜頓時大怒：「他敢小瞧我，認為我不能陸地作戰！不用他去了！我自己去。」

魯肅又趕緊把周瑜的話告訴了諸葛亮，諸葛亮笑著說：「都督讓我去只是想讓曹操殺掉我而已，我故意說了那些話戲他，他便容納不下了。

現在是用人之際，如果相互謀害，大事休矣。曹賊多謀，他平生善於斷別人的糧道，現在怎麼會不用重兵提防準備呢？希望你勸他不要去啊。」

魯肅回告周瑜，周瑜只好暫時放棄了去截糧道和謀害諸葛亮的想法。

當與對方話不投機時，最好的溝通方式是通過第三方進行溝通。管理者如果不能直接說服對方，就從說服對方身邊的人開始。

3 相互信任的蹺蹺板

◎遊戲目的

身體上的接觸是一個很奇怪的界限，打破它有助於人們破除相互幫助的矜持。本遊戲就可以幫助大家意識到這一點。

(1)幫助學員消除彼此之間的隔閡

⑵促進學員之間的溝通和團隊合作

◎ **遊戲人數**

4～6 人一組

◎ **遊戲時間**

20 分鐘

◎ **遊戲場地**

空地

◎ **遊戲道具**

一個蹺蹺板

◎ **遊戲步驟**

1. 在平地上準備一個蹺蹺板。

2. 把所有的人分成兩組，每組大約有 4～6 人。

3. 兩組人分別一個一個地站到蹺蹺板上面去,注意在其間一定要保持蹺蹺板的平衡,在遊戲中肯定有很多次會失去平衡,大家都摔下去,沒有關係站起來重新開始,直到能夠保持平衡為止。

◎ **遊戲討論**

1. 當越來越多的學員站到蹺蹺板上面的時候,保持蹺蹺板中間箱子的平衡就越來越難了,此時大家的感覺是什麼?

2. 在行動之前,每個小組有沒有做什麼準備工作?

3. 遊戲結束之後,學員都有什麼感覺?是不是感覺比平時更加團結了?

◎ **遊戲總結**

1. 一個人玩蹺蹺板需要高水準的平衡性,但是多人一塊玩蹺蹺板的話,除了個人的平衡性之外,還需要大家緊緊地靠在一起,以

保證受力點的集中，從而更容易保持平衡，所以本遊戲會消除大家身體接觸上的矜持，會讓大家的心理距離也貼近很多，但是在有男有女的時候本遊戲慎用，否則反而容易弄巧成拙。

2.本遊戲需要大家的相互信任，只有相互信任才能使大家消除彼此之間的隔閡，共同合作去完成任務。

小矮人的力量

在古希臘時期的賽普勒斯，曾經有一座城堡裏關著一群小矮人。傳說他們是因為受到了可怕咒語的詛咒，而被關到這個與世隔絕的地方。他們找不到任何人可以求助，沒有糧食，沒有水，七個小矮人越來越絕望。

小矮人們沒有想到，這是神靈對他們的考驗，關於團結、智慧、知識、合作的考驗。

神靈希望經過這次考驗，小矮人們能悟出以下道理：資訊不代表知識。

分享、溝通與行動是將知識轉化為成果的關鍵。知識透過有效的管理，最終將變成生產力。小矮人中，阿基米德是第一個收到守護神雅典娜托夢的。雅典娜告訴他，在這個城堡裏，除了他們呆的那間陰濕的儲藏室以外，其他的 25 個房間裏，有 1 個房間裏有一些蜂蜜和水，夠他們維持一段時間；而在另外的 24 個

房間裏有石頭，其中有 240 個玫瑰紅的靈石，收集到這 240 塊靈石，並把它們排成一個圈的形狀，可怕的咒語就會解除，他們就能逃離厄運，重歸自己的家園。

第二天，阿基米德迫不及待地把這個夢告訴了其他的六個夥伴，其他四個人都不願意相信，只有愛麗絲和蘇格拉底願意和他一起去努力。開始的幾天裏，愛麗絲想先去找些木柴生火，這樣既能取暖又能讓房間裏有些光線；蘇格拉底想先去找那個有食物的房間；而阿基米德想快點把 240 塊靈石找齊，好快點讓咒語解除；三個人無法統一意見，於是決定各找各的，但幾天下來，三個人都沒有成果，倒是耗得筋疲力盡了，更讓其他的四個人取笑不已。

但是三個人沒有放棄，失敗讓他們意識到應該團結起來。他們決定，先找火種，再找吃的，最後大家一起找靈石。這是個靈驗的方法，三個人很快在左邊第二個房間裏找到了大量的蜂蜜和水。

顯而易見，一個共同而明確的目標，對於任何團隊來說都非常重要。

在經過了幾天的饑餓之後，他們狼吞虎嚥了一番；然後帶了許多分給特洛伊、安吉拉、亞裏斯多德和梅麗沙。溫飽的希望改變了其他四個人的想法，他們後悔自己開始時的愚蠢，並主動要求要和阿基米德他們一同尋找靈石，解除那可恨的咒語。

小矮人們從這件事中，發現了一個讓他們終生受益的道理：知識不過是一種工具，只有透過人與人之間溝通、互補，才能發

揮它的全部能量。

為了提高效率，阿基米德決定把七個人兵分兩路：原來三個人，繼續從左邊找，而特洛伊等四人則從右邊找。但問題很快就出來了，由於前三天一直都坐在原地，特洛伊等四人根本沒有任何的方向感，城堡對於他們來說像個迷宮，他們幾乎就是在原地打轉。阿基米德果斷地重新分配，愛麗絲和蘇格拉底各帶一人，用自己的訣竅和經驗指導他們慢慢地熟悉城堡。

喜愛思考的阿基米德，又明白了：經驗也是一種生產力，透過在團體中的共用，可以產生意想不到的效果。當然，事情並不如想像中那麼順利，先是蘇格拉底和特洛伊那組，他們總是嫌其他兩個組太慢。後來，當過花農的梅麗莎發現，大家找來的石頭裏大部份都不是玫瑰紅的；最後由於地形不熟，大家經常日復一日地在同一個房間裏找靈石。大家的信心又開始慢慢喪失。小矮人們都沒有注意到一個問題：阻力來自於不信任和非正常幹擾。

阿基米德非常著急。這天傍晚，他把7個人都召集在一起，商量辦法。可是，交流會剛開始，就變成了相互指責的批判會。

性子急的蘇格拉底先開口：「你們怎麼同事，一天只能找到兩三個有石頭的房間？」

「那麼多房間，門上又沒有寫那個是有石頭的，那個是沒有的，當然會找很長時間了！」愛麗絲答道。

「難道你們沒有注意到，門鎖是上孔的都是沒有的，門鎖是十字型的都是有石頭的嗎？」蘇格拉底反問。

「幹嗎不早說呢？害得我們做了那麼多無用功。」其他人聽

到這兒，似乎有點生氣……經過交流，大家才發現，原來他們有些人可能找準房間很快，但可能在房間裏找到的石頭都是錯的；而那些找得非常準的人，往往又速度太慢。其實，這個道理非常簡單：具有專業素質的人才很關鍵。

於是，在愛麗絲的提議下，大家決定每天開一次會，交流經驗和竅門，然後，把很有用的那些都抄在能照到亮光的牆上，提醒大家，省得再去走彎路。這面牆上的第一條經驗就是：將我們寶貴的經驗與更多的夥伴們分享，我們才有可能最快地走出困境。

在 7 個人的通力協作下，他們終於找齊了所有的 240 塊靈石，但就在這時蘇格拉底停止了呼吸。大家極度的震驚和恐懼之餘，火種突然又滅了。

沒有火種，就沒有光線，沒有光線，大家就根本沒有辦法把石頭排成一個圈。

本以為是件簡單的事，大家都紛紛地來幫忙生火，那知道，六個人費了半天的勁，還是無法生火——以前生火的事都是蘇格拉底幹的。寒冷、黑暗和恐懼再一次向小矮人們襲來，灰暗的情緒波及到了每一個人，阿基米德非常後悔當初沒有向蘇格拉底學習生火，他又悟出了一個道理：在一個團隊裏，不能讓核心技術只掌握在一個人手裏。

在神靈的眷顧下，最終，火還是被生起來了。小矮人們勝利了，勝利的法寶無疑就是：知識透過有效的管理，最終將變成生產力。

團隊的力量可以解決一切的問題，並且在團隊合作過程中，大家才能成長起來。

溝通回饋的重要性

◎遊戲目的

讓組員瞭解回饋的重要意義。

認識到在溝通中資訊回饋的重要性。

◎遊戲人數

10-40 人。

◎遊戲時間

視人數而定。

◎遊戲場地

教室。

◎遊戲道具

紙和筆。

◎遊戲步驟

①讓組員們找到自己的拍檔，最好不是熟人，然後其中一人作為記者對這位元拍檔進行採訪，採訪的形式及內容都由自己而定，時間為 3 分鐘。要盡可能獲取有價值的資訊，在採訪過程中做筆記，完成後再進行角色交換。

②完成採訪後，每位組員要把採訪來的資訊做 1 分鐘的演講，把你所採訪的人以最佳的表達方法介紹給大家。

③時間由培訓師掌握，如果培訓班很大，演講只能由抽查的形式進行。

◎遊戲討論

你是用什麼方法記住別人的？

在採訪與被採訪的過程中，什麼樣的人令你印象深刻？

人在交流的時候需要進行資訊回饋，只有這樣，發出資訊的一方才能確認他們發出的資訊是否被對方接受和理解。

溝通中，積極的回饋有助於改善雙方的關係。

 培訓小故事

員工滿意度傾聽

幾年前，李清廉價買下了一家小型工廠。前任老闆說：「我很高興能把它脫手，因為員工的態度越來越強硬，一點也不感激我多年來對他們的照顧。」

李清成了老闆之後，召集所有員工開了一次坦誠的會議。「我希望你們在這裏工作是快樂的，告訴我怎樣才能辦到？」他問所有員工，結果發現，只要提供幾項小小的福利，如現代化浴室設備、在更衣室中裝上一面鏡子，以及在娛樂室中放上自動售貨機就可以了。結果，員工都很滿意，他們真正需要的只是一位傾聽

他們意見的人。

只有加強與下屬的溝通，管理者才能全面地搜集到下屬的意見，解決他們面臨的問題，最終提高他們的工作積極性。

坦誠溝通，管理者將迎來一個和諧美好的組織。拒絕溝通，管理者則會面臨組織危機。

5 笑容可掬

◎遊戲目的

本遊戲以一個很熱鬧的形式，加強了團隊之間的溝通與交流，同時能夠增進彼此之間的感情。

(1)促進團隊成員間的溝通與交流

(2)使大家儘快活絡起來

◎遊戲人數

集體參與

◎遊戲時間

5 分鐘

◎遊戲場地

空地

◎遊戲道具

無

◎遊戲步驟

1. 讓學員站成兩排，兩兩相對。

2. 各排派出一名代表，立於隊伍的兩端。

3. 相互鞠躬，身體要彎腰成 90 度，高喊 XXX 你好。

4. 向前走交會於隊伍中央，再相互鞠躬高喊一次。

5. 鞠躬者與其餘成員均不可笑，笑出聲者即被對方俘虜，需排至對方隊伍最後入列。

6. 依次交換代表人選。

◎遊戲討論

1. 這個遊戲給你最大的感覺是什麼？做完這個遊戲之後，你有沒有覺得心情格外舒暢？

2. 本遊戲給你的日常生活與工作以什麼啟示？

◎遊戲總結

1. 人們常說，當你面對生活的時候，你實際上是在面對一面鏡子，你笑，生活笑，你哭，生活也在哭。面對別人的時候也是這個道理，要想獲得別人的笑容，你首先要綻放自己的笑容。所謂己所不欲勿施於人，既然你不想讓別人對你繃著臉，為何要對別人繃著臉呢？

2. 在團隊合作中，彼此之間保持默契，維繫一種快樂輕鬆的氛圍，會非常有利於大家彼此之間的溝通，也會加快我們的合作步伐。

培訓小故事

專業描述

森林裏的經濟快速發展，已經進入電腦時代了，財大氣粗的大象開了個公司，覺得有必要讓公司與時俱進，於是配置了電腦，而且還想要招聘一個懂電腦的主管。大象交代長頸鹿小姐發出招聘啟示，開展面試工作。

熊和熊貓看到招聘啟示後，先後來到公司面試，長頸鹿小姐首先對熊進行面試，問道：「你對電腦懂多少？」

熊回答說：「懂一點，我戴過電子錶，玩過遊戲機，房間有一台電視……還有，我看過同學用 Dos 開機，兩次……」

長頸鹿小姐聽過後面無表情地說：「可以了，下一位。」

(熊貓走進辦公室)

長頸鹿小姐：「你對電腦懂多少？」

熊貓扶了扶眼鏡說：「那要看是那一種電腦了。一般的超級掌上型的單晶片時間脈衝輸出電腦(指電子錶)比較簡單，我小學時候常常使用它的解譯編碼作業流程(指鬧鈴功能)。

至於多功能虛擬實境模擬器(指遊戲機)就複雜得多，不過我曾經完整測試過許多靜態數據儲存單元(指玩卡帶破關)。

長大後我對於複頻道超高頻無線多媒體接收儀器(指電視)開始產生興趣，每天晚上都會追蹤特定頻道的資料(指八點檔電視節目)。

　　至於傳統的電腦，我手下的一位工作夥伴(指同學)經常在我的監控之下進行主儲存的單晶體與磁化數據存取之間的信號交換(指 Dos 開機)……」

　　長頸鹿小姐滿意地點點頭，說道：「明天開始上班。你的配車在地下二樓，附車位，這是鑰匙……」

　　同一種意思，用不同的語言表達，會有不同的效果。

　　使用專業的表達，更容易表明自己的水準，更容易在競爭中脫穎而出。

講故事的補充說法

◎遊戲目的
· 讓學員理解在溝通中注意傾聽並給予積極回饋的重要性。
· 讓學員在公平的合作中透過積極的回饋分享他人的創意。

◎遊戲人數
30 人

◎遊戲時間
40 分鐘

◎遊戲場地
教室

◎遊戲道具

一塊白板、一隻白板筆

◎遊戲步驟

1. 將受訓人員兩兩分組,進行一場與某個話題(可以任意選擇,只要大家感興趣,如旅遊)有關的演出。

2. 指定每組的兩個成員中,一人為 A,一人為 B,被稱為 A 的人是這場遊戲的演員,被稱為 B 的人是 A 的台詞提示者。

3. B 挨著 A 站著,當輪到自己說話時,就會把台詞告訴 A 並拍一下 A 的肩膀;而每個扮演 A 角色的成員的任務就是接受 B 提供的任何台詞,在此基礎上再加以發揮,把戲演下去;AB 要密切配合。

4. 為了使受訓人員充分理解本遊戲的規則,培訓師可以先做一下示範。

5. 培訓師挑選一位學員(如小王)後,就開始說:「我非常想和你一起旅遊,因為小工你……」然後拍一下小王(B)的肩膀,小王需立刻接下去,「我總是與你的喜好一致。」

6. 培訓師結合小王的話繼續說:「總是與我的喜好一致。我們曾經有過一次愉快的旅遊經歷,那一次……」

7. 再次拍小王的肩膀,他也許會說:「我倆結伴兒去了黃山……」培訓師接著說:「我倆結伴兒去了黃山,真是一次美妙的經歷。」

8. 培訓師又一次拍小王的肩膀,小王可能說:「什麼時候我們還能一同休假去旅遊呢?」培訓師說:「是呀,什麼時候我們還能一同休假去旅遊呢?那時我們再一起出遊吧……」

9. 讓所有受訓人員觀看示範,然後讓他們各組散開練習一下,

五分鐘後大家集合，集體完成一次演出。

◎遊戲討論

1. 請扮演 A 角色的人員考慮：為了適應並轉換搭檔的台詞，自己必須做些什麼？是否感到吃力或有其他感覺？怎樣才能使這個過程不那麼煎熬呢？

2. 請扮演 B 角色的人員考慮：B 角色的任務是幫助搭檔 A 完成任務，所以為他們提供台詞並使這一切進行得容易一些，你們需要做些什麼？當 A 組成員沒能順利地利用你的台詞時，你有何感覺？

3. 無論扮演 A、B 那種角色，都不可以遲鈍或搞惡作劇，否則不僅會給搭檔造成困難，而且會破壞訓練的效果。

培訓小故事

主管關懷問員工

有一位主管，發現一位員工最近工作表現大不如前。他雖然對這位員工的業績不滿意，但並不打算急於責備。他把員工請到辦公室，問：「你一向對工作都很在意，從來不是一個馬虎的人。但最近你好像很不開心，難道是家裏出了什麼事情嗎？」

員工臉變紅了，幾分鐘後，他才點頭。

「我能幫忙嗎？」主管又問。

「謝謝，不用。」接著，員工開始滔滔不絕地談他的苦惱。原來他太太得了肝癌，而且是晚期。對這件事，誰也無能為力，

主管只能默默聽他述說。他們聊了一個多小時，談話結束後，這位員工的情緒看起來好多了。後來，他的工作表現也得到了改善。

管理者對表現欠佳的下屬應體貼關心，通過溝通瞭解原因，進而改善下屬的績效。切忌主觀臆斷，隨意下結論。

溝通是管理者改善與下屬關係的有效武器。

7 讚揚對方

◎遊戲目的

這個遊戲讓學員透過給予和接受讚揚來熟悉別人，在較短的時間裏，這一方法就會取得效果，團隊的情緒也會變得高漲。

(1)員工激勵

(2)團隊建設

◎遊戲人數

集體參與

◎遊戲時間

15 分鐘

◎遊戲道具

紙、鉛筆或鋼筆和一些獎品

◎遊戲場地

教室

◎遊戲步驟

1. 給每個人 5 分鐘的時間，讓他們如實地盡可能多的對成員寫出盡可能多的讚揚（糖豆），這些讚揚可以是程度較淺的（你的領帶真不錯、你的衣服和你很相稱，等等），也可以是比較個人的（任何讚揚者樂意的東西）。惟一的原則是，在相互交換寫下的讚揚時，必須進行目光的交流。這些寫下來的讚揚可以是匿名或折起來的，但當把它們交給接受者的時候，給予的人必須注視著接受者。

2. 直到所有的成員把自己寫的讚揚（糖豆）都給了別人，收到糖豆的人才可以打開它們。每個人都坐下來後，同時打開他們收到的禮物。

3. 評價一下現場的氣氛。

4. 在向成員發出信號讓他們看自己手中的「糖豆」前，向他們提問：「你們中有多少人從某個你們從未給過他糖豆的人那兒收到了至少一個糖豆？」「你們對此感覺如何？」為什麼我們中有那麼多人忽視了真誠讚揚——因為我們只是透過做出另外一個讚揚來對得到讚揚做出回應……

5. 每個人打開自己收到的糖豆時，整個團隊的情緒不斷高漲。團隊內相互支持的風氣也會顯露出來，有些成員可能會感到有點窘迫，但毫無疑問，這樣的經歷是令人愉快的。

◎遊戲討論

1. 為什麼我們總是抑制自己如實讚揚我們所關心的人、一起工作的人、甚至是一直留心觀察的人呢？

2. 當你看到別人所寫的關於你的一些東西，你的感受如何？

3. 你能對這個練習進行改編，使這成為你生活的一部份，讓自

己更加清醒、更善於接受他人嗎？

4. 糖豆是匿名的，這樣做有什麼目的？為什麼？如果都是署上真名，會不會更好？

5. 如果你要將收到的糖豆與那些和你有過眼神接觸的人對應起來，你會怎麼做？這對促進雙方的關係有什麼幫助？

6. 你還要再送一些糖豆給其他人嗎？當你想做的時候，為什麼自己不去做呢？

◎遊戲總結

1. 這個遊戲非常適合在休息的時候或是會議結束的時候進行。團隊主管者應當為每個人都準備一些糖豆，以便在有人沒有收到糖豆的情況下使用。

2. 每個人都需要別人的肯定，這種真誠的讚揚可以提高他們的自信心和滿意度，有助於他們的學習和工作。真誠的讚揚還可以培養和諧的人際關係，增加團隊的團結度。

進諫看時機

齊景公是個殘暴的君主，他濫施酷刑，砍了許多人的腳，晏子總想勸勸他。

晏子家住在鬧市附近，人聲嘈雜，生活條件很不好。齊景公想另外給他蓋個住宅，晏子沒有同意，他說：「我先人久居此處，

如果我因為不滿意而更換新宅，不是太奢侈了嗎？再說離市場近，買東西方便，還便於瞭解民情，不是挺好嗎？」

齊景公問：「那麼，你可知道現在市場上什麼東西最貴，什麼東西最便宜？」

晏子乘機說道：「假腳最貴，鞋子便宜。」

景公知道這是說他用酷刑之後，沒腳的人要安假腳，鞋子便滯銷而跌價了，從此，齊景公便不再濫用這種刑罰了。

又有一次，一個人得罪了齊景公，齊景公非常生氣，命人把他綁在大殿下，準備處以分屍的極刑，並且說誰膽敢勸阻，一律格殺勿論。

這時晏子走過來，左手抓住犯人的腦袋，右手拿著刀，抬頭問齊景公：「不知道古代聖明的君主肢解人時從那個部位開始下刀？」

齊景公知道晏子是用古代賢明的君主來勸說自己不要濫殺無辜，就離開座位說：「放了他吧，這是寡人的錯。」

溝通時要善於抓住有利的溝通時機，這樣才能達到意想不到的溝通效果。

在合適的時間用合適的語言進行表達，能夠達到比直接溝通或正式溝通更好的效果。

第 十 章

上級、同事、部屬、客戶的人際溝通遊戲

1 團隊的溝通

◎遊戲目的

這個遊戲生動地向團隊成員展示,成為一個團隊(6個人)中的一員是多麼的令人愉快,而被團隊排除在外時又是多麼地令人不安。

(1)溝通　(2)團隊建設　(3)員工激勵

◎遊戲人數

集體參與

◎遊戲時間

30分鐘

◎遊戲道具

事先準備好足夠的短語卡片與信封，在進行遊戲時發給所有的參與者

◎遊戲場地

大的會議室

◎遊戲步驟

1. 培訓者事先準備好一系列短語卡片，並將它們每個都自製 6 份。這些短語最好與會議的中心內容、團隊當前的重要議題或面臨的問題有關。另外準備 1～5 張短語卡片，每張卡片上的短語都不同。

2. 將短語卡片放到一個沒有做記號的信封裏封好，將它們與其他的信封混在一起。給每個學員抽出一個信封。

3. 讓學員打開自己的信封，閱讀裏面的短語，然後在房間裏到處走動，向別人介紹自己並重覆那條短語（輕聲說）。當一個人發現另外一個人與他有相同短語的時候，他們就組成一個小組。讓他們在不斷擴充的小團體中持續這個搜尋與介紹的過程，直到絕大多數成員都組成了六人小組（也就是說，體驗了「六人組」的快樂）。

4. 當除了幾個「孤獨者」之外的所有人都找到了自己的「六人組」時，你應當裝作驚訝，然後引導整個團隊進行後面的討論。

5. 小提示：如果時間很緊，或是團隊規模較大，可以讓他們組成「三人組」或「四人組」。

◎遊戲討論

1. 沒有被一個團隊或小組接受，你的感受如何？在你的工作中曾經發生過這樣的事嗎？是有意的嗎？

2. 當你發現別人也有同樣的短語時，感受如何？

3. 為什麼已經組成了團隊的人不去幫助那些被排斥在團隊之外的人？團隊的政策是如何阻止我們去包容那些人的？

4. 我們如何去包容那些「走彎路」的人？

5. 這個遊戲對於團隊建設的意義何在？

◎遊戲總結

1. 這個遊戲讓學員體會團隊的重要性，也向他們展示了團隊產生的前提因素：共同目標和共同語言。這個遊戲模仿了一個簡單的日常生活環境，讓學員們從陌生到認識，從簡單攀談到找到共同點，從素不相識到成為好朋友。在這個過程中，學員會體會被團體接納的喜悅，也有可能體會被團隊拋棄和排斥的痛苦。

2. 透過玩這個遊戲，可以鼓勵學員更加敞開心扉的接納別人，因為透過玩這個遊戲，他們會意識到作為社會的一分子，離開團隊是不行的。

 培訓小故事

尊重感動清潔工

我是一名清潔工。一般情況下，只要顧客不挑剔，就已經很幸運了。

有一次，我去一個好萊塢演員家裏做清潔。女主人給我佈置完工作後，突然問我：「我現在是否可以吸一隻煙？」

　　我吃了一驚，誠惶誠恐地說道：「這是您的家呀，為什麼還要問我？」

　　她接著說：「吸煙會妨礙你，當然該得到你的允許。」

　　我趕忙說：「你以後不用問，儘管吸好啦！」

　　她這才拿起煙，把它點燃。

　　我不得不承認，在那一刻，我非常高興，也非常感動，因為作為一名普通的清潔工，我得到了尊重，我認識到即使是在別人家裏，我也有自己不應被侵害的權利，我也是和主人一樣平等的人。之後，不論在那裏，我都用心地工作，因為我感受到了自己勞動的價值。

　　尊重＝尊＋重。與別人溝通時，只有給對方「尊」，自己說話才會「重」。

　　管理者只有把尊重時刻放在心上，與下屬溝通時才會獲得下屬的認同，從而更易於實現自己的目的。

2 超級模仿秀

◎遊戲目的

　　這個遊戲在於說明團隊的形成和保持，在於每個成員的互相配合和維護。

　　⑴活躍現場氣氛　　⑵體現團隊行為

◎遊戲人數

集體參與

◎遊戲時間

15 分鐘

◎遊戲道具

無

◎遊戲場地

不限

◎遊戲步驟

1. 讓學員站成一圈，培訓者先站在其中做示範。遊戲開始時，培訓者抬起手隨意指向另一個學員，這個被指的學員需要也抬起手指向另一個學員，以此類推，直到所有人都指著別人為止。

2. 告訴大家不許指向已經指著別人的人，當大家都指著別人時，才可以把手放下。培訓者可以退出圈子，讓學員們自行遊戲。

3. 現在告訴他們，請他們把目光鎖在剛才指向的人的身上。他們的工作就是監督那個人，要模仿那個人的每個動作。記住，是每一個動作，無論這個動作有多小，多麼不經意。

4. 學員們只能站著不動，只有他們的模仿目標動了他們才能動。

5. 遊戲開始後你會發現，到處都是小動作。無論什麼時候，當有人做了一個動作，這個動作將會被大家傳播開，無休止地重覆下去。

◎遊戲討論

1. 有誰知道這個動作是誰最先發起的嗎？

2. 當某人先開始後，一旦別人都這麼做了，有什麼麻煩？

3. 這個遊戲是如何模仿你的團隊在現實生活中的做法的？玩這個遊戲的代價是什麼？對你來說，你個人停止參與這個不良迴圈，是多麼重要？為了改變這種規範，你願意做什麼？

◎ 遊戲總結

1. 這個遊戲很有趣，既可以激發學員的學習熱情還可以活躍氣氛。對於學員來說，他們從這個遊戲裏應該學到兩件事，一是作為團隊的成員，他們有義務維護團隊的規則並與隊員密切配合。另一方面，當團隊的規則出現不合理的地方時，需要有成員及時出來叫停，以免團隊向不好的方向發展。這是需要勇氣和智慧的，切忌為了盲目的維護團隊規則而帶領團隊走向滅亡。

2. 一個好辦法就是選出一個主管，他的作用就是監督團隊的發展，發現不良現象時能及時叫停。

 培訓小故事

索要田產，目的在忠誠

戰國末期，秦國大將王翦奉命出征。出發前，向秦王請求賜給良田房屋。秦王說：「將軍放心出征，何必擔心呢？」

王翦說：「做大王的將軍，有功最終也得不到封侯，所以趁大王賞賜我臨別酒飯之際，我也鬥膽請求賜給我田園，作為子孫後代的家業。」

秦王大笑，答應了王翦的請求。

王翦到了潼關，又派使者回朝請求良田，秦王慷慨地應允。

手下心腹勸告王翦不要太貪婪。王翦支開左右，坦誠相告：「我並非貪婪之人，因秦王多疑，現在他把全國的軍隊交給我一人指揮，心中必有不安，所以我多求賞賜田產，名為子孫計，實為安秦王之心。這樣他就不會疑我造反了。」

用自己的行為和行動同上級溝通，可以化解上級的懷疑和質疑，以便更好地達到自己的目的。

針對上級對自己的疑慮，要與上級及時溝通，消除上級的猜疑和顧忌，以便自己更好地執行。

3 評價上司的好壞

◎遊戲目的

教會組員瞭解上司的方法。

讓組員體會與上級溝通的方法。

◎遊戲人數

不限。

◎遊戲時間

30 分鐘。

◎遊戲場地

教室。

◎遊戲道具

每人一份「測試上司的好壞（表一、表二）」。

◎遊戲步驟

①將測試表發給組員。

②讓組員選准上司，在表一中為自己的上司打分。打分的方法是：逐項在相應的分值上用「○」圈住，然後用線段把所圈住的分值連起來，把連成的這條曲線賦予名稱叫 A 曲線。

③讓組員選准自己的下屬或同事，在表二中為自己打分。打分的方法是根據自己的判斷，逐項在相應的分值上用「○」圈住，然後用線段把所圈住的分值連起來，把連成的這條曲線賦予名稱叫 B 曲線。

④讓組員對比 A 曲線與 B 曲線（做法是：把表二剪切下來，並與表一重疊在一起，對準光亮處照一照，你發現了什麼？）B 曲線越靠近大數值即左側，並越遠離 A 曲線，就說明自我認知的差異越大；A、B 兩條曲線越近甚至重合，就說明自我認知越強，越能看清自己；B 曲線越靠近右側，並遠離 A 曲線，就說明自我反省越深，需要進行心理調適。

◎遊戲討論

如何加強對自我的認知與把握？

聯繫現實工作此遊戲對你的啟發？

4 演練向上級請示

◎遊戲目的

· 讓學員體驗如何向上級請示及彙報工作。

· 讓學員體會與上級溝通需用的溝通方式。

◎遊戲人數

20 人

◎遊戲時間

30 分鐘

◎遊戲場地

室內

◎遊戲道具

紙、筆

◎遊戲步驟

1. 學員自由結合，四人一組。

2. 培訓師給出兩個題目：下屬向主管彙報工作，接受主管任務指令。要求每組先由兩人扮演主管，兩人扮演下屬，依次進行兩個題目。

3. 遊戲結束，小組討論剛才兩個下屬在向主管請示、彙報工作時，那個學員的溝通方式最好，好在那裏，同時找出存在的問題。

4. 討論結束，角色互換，剛才做下屬的擔任主管，重覆上面的

程序。

5. 小組討論，並選一位代表總結心得。

◎遊戲討論

1. 與主管溝通那些方式最有效？

2. 與主管溝通需要注意那些問題？

3. 如何提高與主管的溝通能力？

 培訓小故事

如何與上級溝通

　　楚莊王十分愛馬，讓他的馬過著十分優裕的生活，伺候那些馬的人數竟是馬的 3 倍。由於這些馬養尊處優，又缺乏運動，其中有一匹馬因為長得太肥而死去了。這一下楚莊王傷心極了，他要為這匹馬舉行一場隆重的葬禮。

　　他命令全體大臣向死馬致哀，並且用高級的棺槨以安葬大夫的標準來葬馬。大臣們實在難以接受楚莊王這些過分的決定，他們紛紛勸阻楚莊王不要這麼做。可是楚莊王完全聽不進去，還生氣地傳下命令說：「誰要是再敢來勸阻我葬馬，一律斬首。」

　　優孟是個很有智慧的人，聽說這件事後，他徑直闖進宮去，見到楚莊王便大哭起來。楚莊王吃驚地問他說：「你為什麼哭得這麼傷心呀？」

　　優孟回答說：「大王心愛的馬死了，實在讓人傷心，要知道

那可是大王所鍾愛的馬呀,怎麼能只用大夫的葬禮來辦理馬的喪事呢?這實在太輕視了,應該按國君的葬禮下葬才對啊。」

楚莊王問道:「那你認為應怎樣安排呢?」

優孟回答說:「依我看,應該用美玉做馬的棺材,再調動大批軍隊,發動全城百姓,為馬建造高貴華麗的墳墓。到出喪那天,要讓齊國、趙國的使節在前面開路,讓韓國、魏國的使節護送靈柩。然後,還要追封死去的馬為萬戶侯,為它建造祠廟,讓馬的靈魂長年接受封地百姓的供奉。這樣,天下人才會知道,原來大王是真正愛馬勝過一切的。」

楚莊王頓時明白過來,非常慚愧地說:「我是這樣的重馬輕人嗎?我的過錯可真是不小呀!你看我該怎麼辦才好呢?」

優孟心中大喜,趁機俏皮地回答說:「太好辦了。我建議,以爐灶為墓,大銅鍋為棺,放進花椒佐料、生薑桂皮,把火燒得旺旺的,讓馬肉煮得香噴噴的,然後全部填進大家的肚子裏就是了。」

一席話說得楚莊王也哈哈大笑起來,從此他也改變了原來愛馬的方式,把那些養在廳堂裏的馬全都交給將士們使用,那些馬也得以經風雨、見世面,鍛鍊得強壯矯健。

優孟因勢利導勸說楚莊王,收到了良好的效果,這對當今職場中人亦有很大啟發。主管畢竟是主管,作為下屬,在與上級溝通時,要想讓主管認可你,達到自己的目標,必須注意你的溝通方式,提高自己與上級溝通的能力。

下屬與主管如何溝通也是一門藝術,要講究方法、運用技

巧，以保持良好的上下級關係，避免因溝通不當而增加上下級間的誤會，甚至引來工作上的麻煩而導致職場前景黯淡。

5 如何做出三角形

◎遊戲目的

訓練學員的團隊溝通能力，培養學員的團隊協作精神。

◎遊戲人數

6 人

◎遊戲時間

15 分鐘

◎遊戲場地

空地

◎遊戲材料

繩子(約 10 米長)1 根，眼罩 6 副

◎遊戲步驟

1. 讓學員仔細觀察週圍環境，然後將他們的眼睛蒙上。

2. 將繩子遞給學員(每個學員都握住繩子)，6 位學員要將繩子拉成一個正三角形；三角形的一個角要正對著東方。

◎遊戲討論

1. 在拉成三角形的過程中，大家應當如何溝通？

2. 最後的結果與任務要求差距大嗎？原因是什麼？

3. 化解團隊衝突的五種策略：

⑴避免：從衝突中退出，任其發展變化。

⑵強制：以犧牲一方為代價而滿足另一方的需要。以這種「他輸、你贏」的方式解決團隊中的衝突。

⑶調和：這是將他人的需要和利益放在高於自己的位置之上，以「他贏、你輸」的方式來維持和諧關係的策略。

⑷妥協：要求每一方都做出一定的讓步，達到各方都有所贏、有所輸的效果。

⑸合作：這是一種雙贏的解決辦法，此時衝突各方都滿足了自己的利益。這種策略要求雙方之間開誠佈公地進行討論，積極傾聽並理解雙方的差異，對有利於雙方的所有可能的解決辦法加以仔細權衡。

6 蒙眼溝通取氣球

◎遊戲目的

訓練學員的表達能力及回饋能力，增強團隊成員間互動的默契性。

◎遊戲人數

6 人

◎遊戲時間

15 分鐘

◎遊戲場地

空地

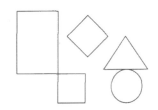

◎遊戲材料

椅子若干把；氣球若干個；眼罩兩副

◎遊戲步驟

1. 將學員分為3人一組，每組選出一位代表，培訓將其眼睛蒙上。

2. 培訓師將椅子放入場地作為障礙物，同時在場地中放兩個氣球。

3. 聽到比賽開始的口令後，被蒙住眼睛的學員要進入遊戲場地去尋找氣球，並將氣球帶回，首先將氣球帶回的小組獲勝。

4. 各小組其他成員在遊戲場地外指導和提示本組代表，同時也可誤導和干擾對方代表。

◎遊戲討論

1. 賽前，你們小組是否做過溝通和協調？

2. 你們透過什麼方法來減輕對手帶來的干擾？

3. 比賽中，當對方領先時，你們會給本組代表發出怎樣的信息？

4. 溝通時的聲音和語速：

⑴恰當的聲音和語速能讓聽者專心地接收信息，聲音包括音

量、語氣，語速則是講話時的速度。

⑵講話時首先要保證聲音足夠大而清楚，可以根據不同的情況調整聲音，在有些情況下可以靠改變音量來集中聽者的注意力。

⑶講話要想不單調，還要學會變音，聲音的抑揚頓挫能夠體現出講話者對這個問題的熱情程度，從而吸引聽者的注意。

⑷講話的語氣要表現出真誠，它表達了信息中包含的感情，決定著他人接受信息時的心理感受。

⑸語速決定了聽者有效傾聽和理解的程度。不同地域的人有著不同的講話風格，所以根據談話對象靈活地調整語速具有重要意義。恰當的語速能夠消除不同聽者接受信息的差異，從而達到更好的溝通效果。

⑹語速要以清楚為前提，同時要保持與聽者的語速相匹配，講話過程中最好偶爾插入停頓。

 培訓小故事

動之以情，曉之以理

楚霸王項羽喜歡殺人，每攻佔一城必將全城百姓屠殺。

魏相彭越聯漢抗楚，連奪楚國十七城，惱得項羽眼冒金星，親率大軍攻破彭越佔據的外黃城。

項羽入城後，首先下了一道命令，城裏凡 15 歲以上男子集結城東，準備全部活埋。號令一出，全城哭天喊地，哭聲中竟有

一孩童去楚營求見項羽。

項羽聽說有個孩童求見，十分驚異，問他：「看你小小年紀，也敢來見我嗎？」

小兒說：「大王是人民的父母，小臣就是大王的兒子，兒子見父母，有什麼不敢呢？」

項羽本來愛聽誇獎，孩童開口就能感動人，項羽自然喜歡得不得了，忙問他有什麼要求。小兒從從容容地說：「外黃百姓，久仰大王恩德，今天大王駕臨，趕走了彭越，百姓非常感激。但大王宮中有一種謠言，說要把 15 歲以上男子全部活埋了，我認為大王德同舜堯，威過湯武，不會這樣做的。況且屠殺百姓後，對大王有害無益。所以請大王頒佈明令，穩定人心。」

項羽聽了，覺得合情合理，但又威脅道：「如果我坑死人民，即使無益，也不見得有害。你要能說出有害的理由，我就下令安民；要說不出，連你也要活埋。」

孩童聽到威嚇，並不慌張，反而嚴肅地說：「彭越守城，部兵特多，聽說大王來攻，怕百姓做內應才緊閉城門。而後，見人心不向他，才夜裏逃走。如果百姓甘心助戰，同心堅守，大王恐怕至少十天半月才能入城。今天彭越一走，百姓立即開城迎駕，可見人民擁戴大王。如果大王不察民情，反而要坑死壯丁，外黃城以東還有十幾城，聽說此事誰還敢迎降。

反正降也死，不降也死，抗拒或許還有一線希望。試想，彭越必向漢求援兵來攻，大王處處受阻。就算是處處打勝，也得心力費盡，這就叫做有害無益。」

　　本來項羽當時就約定好了半月回去，此時已過了幾天。如果前面十幾城遇阻，就會耽誤時間壞了大事。他反覆權衡利弊後，終於答應了孩童的要求，還取黃金送給孩童。

　　表達一定要考慮對方的角度，這樣更容易得到對方的認同，動之以情，曉之以理，是說服別人的有效方法。

7 集體智慧

◎遊戲目的

讓組員找出與上司溝通的技巧。

讓組員體驗怎樣才能領會上級的意圖。

◎遊戲人數

20 人，2 人一組。

◎遊戲時間

40 分鐘。

◎遊戲場地

教室。

◎遊戲道具

一塊黑板。

◎遊戲步驟

①將受訓者兩兩分組，做一個與某個話題（可以任意選擇，只

要大家感興趣，比如旅遊）有關的演出。

②指定每組的兩個成員中，一人為 A，一人為 B。A 是這場遊戲的演員，B 是 A 的臺詞提示者。

③B 組挨著 A 組的同伴站著，當輪到自己的角色說話時，就會把臺詞告訴 A。而每個 A 組成員的任務就是接受 B 同伴提供的任何臺詞，在此基礎上再加以發揮，把戲演下去。A 組成員要密切配合 B 成員的意思，好像這些臺詞就是他們本人想出來的一樣。

④為了使受訓者充分理解培訓者的意圖，培訓者可以先做一下示範。挑選一位組員後，培訓者開始說：「我非常想和你一起旅遊，因為你……」

⑤培訓者然後拍一下 B 的肩膀。B 需立刻接下去，「我總是與你的喜好一致。」培訓者結合 B 的話繼續說，「總是與我的喜好一致。事實上，我們有過一次愉快的旅遊經歷，那一次……」

⑥再次拍 B 的肩膀。他也許會說：「我倆結伴去了黃山，」培訓者接著說：「我倆結伴去了黃山，真是一次美妙的經歷。」

⑦又一次拍 B 的肩膀，B 可能說：「什麼時候我們還能共同休假呢？」培訓者說：「什麼時候我們還能共同休假呢？那時我們再一起出遊吧……」

⑧讓所有受訓者觀看示範，然後讓他們各組散開練習一下，5 分鐘後大家集合，集體完成一次演出。

◎遊戲討論

請 A 組人員考慮；為了適應並轉換 B 組搭檔的臺詞，你必須做些什麼？是否感到吃力或有其他感覺，怎樣才能使這個過程不那麼煎熬呢？

　　請 B 組人員考慮：你們的任務是幫助 A 組人員完成任務，所以為他們提供臺詞並使這一切進行得容易一些，你們需要做些什麼？當 A 組成員沒能順利運用你的臺詞時，你有何感覺？

　　在工作的時候，必須要學會從上級的角度考慮問題，儘量做一些能替上級分憂的工作。

　　在與上級溝通時，應準確獲取上級的資訊，並做出有效的反應。

8 模仿與上級溝通

◎遊戲目的

· 讓學員體驗怎樣才能說服上級。

· 讓學員找到與上級溝通的技巧。

◎遊戲人數

20 人

◎遊戲時間

30 分鐘

◎遊戲場地

室內

◎遊戲道具

筆、計劃書草案

◎遊戲步驟

1. 學員自由結合，五人一組，每組選出一位主管者。

2. 四名下屬迅速籌劃一個投資項目，撰寫簡要的計劃書草案。

3. 四名下屬依次面見主管，按照自己的溝通方式遊說主管透過項目計劃案，要求主管在不同的心境下接受下屬的提案。

4. 各小組討論。鼓勵學員積極發揮自己的主動性。

5. 每組派代表總結上述活動的體會。

◎遊戲討論

1. 那些溝通方式，主管易於接受並能取得最好的溝通效果？

2. 說服主管時需要運用那些溝通技巧？注意時間的控制。

 培訓小故事

管仲夜諫齊桓公

齊桓公實現「九合諸侯，一匡天下」的夢想時，突然提出封禪泰山的想法，希望以此彰顯其功績。

當齊桓公在朝堂之上提出此事時，管仲並無一言。

下朝後，一位同僚問他為什麼不阻止齊桓公的決定，管仲說齊桓公好勝，要私下阻止，不能正面諫阻。

當天，管仲夜訪齊桓公，成功地讓齊桓公放棄了封禪決定。

勸阻上司要因時、因地、因人而異。對於好勝的上司，採用私下溝通的方式，能夠維護上級的威信，更容易達到目的。

9 上級如何下達任務

◎遊戲目的

訓練學員與上級和下級進行溝通的能力，提高學員的信息傳遞能力和團隊溝通能力。

◎遊戲人數

8 人

◎遊戲時間

30 分鐘

◎遊戲場地

戶外草地

◎遊戲材料

眼罩 4 副；繩子(20 米長)1 根

◎遊戲步驟

一、培訓師讓學員分別擔任總經理(1 人)、總經理秘書(1 人)、部門經理(1 人)、部門經理秘書(1 人)和員工(4 人)。

二、遊戲任務及規則

總經理要透過自己的秘書向部門經理下達一項任務，該任務就是讓員工(在戴著眼罩的情況下)把一根繩子(20 米長)做成正方形(邊長為 5 米)。

1. 總經理不得直接指揮員工，必須透過秘書將任務指令下達給

部門經理；

　2. 部門經理如有疑問要透過自己的秘書向總經理請示；

　3. 由部門經理指揮員工完成任務，部門經理在指揮時應與員工保持五米以上的距離。

　◎遊戲討論

　1. 作為總經理，如何向部門經理下達任務？

　2. 作為秘書，怎樣才能將信息傳遞好？

　3. 作為部門經理，如何與上下級進行溝通？

10 輸贏遊戲

　◎遊戲目的

培養組員與同事的溝通能力，建立雙贏理念。

　◎遊戲人數

16-32 人。

　◎遊戲時間

45 分鐘。

　◎遊戲場地

教室。

　◎遊戲道具

紅黑兩色白板筆各兩支，畫好計分格的計分白紙 4 張。

◎**遊戲步驟**

①將組員平均分成 4 組，互為競爭對手。

②遊戲共分 10 個回合，小組在規定的時間內每一回合出一次牌（紅牌或黑牌）。小組需一致同意並出牌，爭取最大贏利。

③計分辦法：共 10 輪，每輪完畢後計分。

出紅或出黑（以萬元計）；4 紅，各+10；3 紅 1 黑，紅各-10，黑+30；2 紅 2 黑，紅各-20，黑各+20；1 紅 3 黑，紅-30，黑各+10；4 黑，各-10。

④在第五、第八、第十回合的時候，得分將分別乘以 3 倍、5 倍、10 倍，例如，在第五回合若是 2 紅 2 黑，其得分為出紅牌小組各+60，出黑牌小組各-60。這三個回合小組可以派代表談判。

⑤環境許可的話，4 個小組分別在 4 間教室進行。

◎**遊戲討論**

如何與隊友進行有效溝通？

聯繫實際工作，如何與同事達成雙贏？

與同事進行良好的溝通，是工作團隊順利完成任務的先決條件。

如果與同事缺乏足夠的溝通，那麼在工作的時候勢必遭遇巨大的阻力。

培訓小故事

沒人喜歡被否定

日本松下電器總裁松下幸之助以最會栽培人才出名。

有一次，松下幸之助對公司的一位部門經理說：「我每天要做很多決定，還要批准別人的很多決定。實際上只有 40% 的決策是我真正認同的，餘下的 60% 我都是有所保留的，或者是我覺得過得去的。」

部門經理覺得很驚訝，假使松下幸之助不同意的話，大可一口否決就行了。

「你不可以對任何事都說『不』，對於那些你認為算是過得去的計劃，你大可在實行過程中指導他們，使他們重新回到你所預期的軌跡。我想一個主管人有時應該接受他不喜歡的事，因為任何人都不喜歡被否定。」

管理者應儘量避免對下屬說不，減少使用「你不行」、「你不會」、「你不知道」、「也許」這些辭彙。只有這樣，才能最大程度地減少對下屬積極性的打擊。

提高下屬的自信心，是管理者與下屬溝通的重要目的。管理者應學會透過友善的詢問和關切的聆聽給下屬以信心。

11 溝通訊息的投球法

◎遊戲目的

· 提高學員向同事傳遞信息的準確性。

· 有效溝通用來提高團隊績效的作用。

◎遊戲人數

5 人

◎遊戲時間

10 分鐘

◎遊戲場地

空地或操場

◎遊戲道具

1 個大塑膠桶、40 個網球

◎遊戲步驟

1. 邀請一個志願者，讓他和你一起站在前面。

2. 讓志願者面向某一個方向站好，目視前方。不可以左顧右盼，更不能回頭。然後，把裝有 40 個網球的袋子交給他。

3. 把垃圾桶放在志願者的身後，垃圾桶與志願者間的距離約為 10 米。注意不要把垃圾桶放在志願者的正後方，要讓它略微向旁邊偏出一些。

4. 告訴志願者他的任務是向身後的垃圾桶裏扔球，要至少扔進

三個球才算成功。告誡志願者不許回頭看自己的球進了沒有及落在了那裏。

5. 讓其他隊員指揮志願者，告訴他如何調整投擲的力量和方向才能進球。注意，這裏只允許通過語言傳達指令。

6. 等志願者扔進了三個球後（這可能會頗費週折），問他「是什麼幫助你實現了目標」，問其他隊員是否也覺得很有成就感。

7. 引導隊員就如何在工作中加強溝通展開討論。

◎遊戲討論

1. 注意不要被亂飛的球砸到。

2. 也可以蒙上志願者的眼睛，而且不讓他正好背對著垃圾桶，這樣其他隊員必須先指揮志願者調整方向，直到基本上背對著垃圾桶，然後志願者才能開始投球。這種做法可以增加遊戲的難度和趣味性。

 培訓小故事

表達一定要含蓄

明代開國皇帝朱元璋，出身貧寒，少年時就放牛，給有錢人家打工，甚至一度還為了果腹而出家為僧。但朱元璋卻胸懷大志，終於當了皇帝。有一天，他兒時的一位窮夥伴來京求見。朱元璋很想見見舊日的老朋友，可又怕他講出什麼不中聽的話來。猶豫再三，總不能讓人說自己富貴了不念舊情吧，還是讓他進來

相見。

那人一進大殿，即大禮下拜，高呼萬歲，說：「我主萬歲！當年微臣隨駕掃蕩蘆州府，打破罐州城，湯元帥在逃，拿住豆將軍，紅孩子當兵，多虧菜將軍。」

朱元璋聽他說得動聽含蓄，心裏很高興，回想起當年大家饑寒交迫時有福同享、有難同當的情形，心情很激動，立即重重封賞了這個老朋友。

消息傳出，另一個當年一起放牛的夥伴也找上門來了，見到朱元璋，他高興極了，生怕皇帝忘了自己，手舞足蹈地在金殿上說道：

「我主萬歲！你不記得嗎？那時候咱倆都給人家放牛，有一次我們在蘆葦蕩裏，把偷來的豆子放在瓦罐裏煮著吃，還沒等煮熟，大家就搶著吃，把罐子都打破了，豆子灑了滿地，湯都潑在泥地裏，你只顧從地下抓豆子吃，結果把紅草根卡在喉嚨裏，還是我出的主意，叫你吞下一把青菜，才把那紅草根帶進肚子裏。」

當著文武百官的面，「真命天子」朱元璋又氣又惱，哭笑不得，只有喝令左右：「那裏來的瘋子，來人，快把他轟出去。」

在不同的場合應使用不同的表達方式。表達時應該考慮對方的身份、時間、場合等因素。

12 將輪胎立起來

◎**遊戲目的**

培養學員的團隊溝通能力，培養學員的團隊合作精神。

◎**遊戲人數**

8 人

◎**遊戲時間**

5 分鐘

◎**遊戲場地**

空地

◎**遊戲材料**

汽車輪胎 1 個

◎**遊戲步驟**

1. 將汽車輪胎放在空地上，讓所有學員都站上去，至少保持 5 秒鐘的時間。

2. 首先讓四個人先站在輪胎上，然後讓另外四個人單腳站上輪胎，並手拉手將原先站在輪胎上面的四個人圍住。

◎**遊戲討論**

1. 大家怎樣才能全部站在輪胎上？事先是否經過溝通協調？

2. 遊戲過程中是否會產生競爭和衝突？你們應如何處理競爭和衝突？

3.大家如何認識溝通在任務完成過程中的作用？

4.團隊溝通的重要意義：

⑴溝通增強了團隊的凝聚力。

⑵溝通增強了團隊的身份感和歸屬感。

⑶溝通明確了團隊的目標和方向。

⑷溝通增強了個人的身份感和認同感。

⑸溝通是確定團隊期待值的基礎。

13 溝通地雷陣

◎遊戲目的

練習與同事進行溝通的技巧，體會與同事進行積極溝通的重要性。

◎遊戲人數

10 人

◎遊戲時間

30 分鐘

◎遊戲場地

不限

◎遊戲道具

每對參賽者需 1 塊蒙眼布、2 根約 10 米長的繩子、一些報紙

◎遊戲步驟

1. 選一塊寬闊平整的遊戲場地。

2. 安排不想參加遊戲的人做監護員。當參加遊戲的人較多時，遊戲場地會變得非常喧鬧。這是一個有利因素，因為這會使穿越地雷陣的人無所適從，難以分清聽到的指令是來自自己的同伴還是來自其他小組的人。

3. 讓每個隊員找一個搭檔。

4. 給每對搭檔發一塊蒙眼布，每對搭檔中有一個人要被蒙上眼睛。

5. 眼睛都蒙好之後，就可以開始佈置地雷陣了。把兩根繩子平行放在地上，繩距約為 10 米。這兩根繩子標誌著地雷陣的起點和終點。

6. 在兩繩之間儘量多鋪上一些報紙（或是硬紙板、膠合板等）當成地雷。

7. 被蒙上了眼睛的隊員在同伴的牽引下，走到地雷陣的起點處，挨著起點站好。他的同伴後退到他身後兩米處。

8. 在遊戲過程中留意那些被蒙住了眼睛的人，他們通常會感到很無助，不知道自己會走到那裏。

◎遊戲討論

1. 那個小組率先通過了地雷陣？

2. 遊戲過程中遇到了什麼問題？

3. 指揮者能做到指令清晰嗎？

培訓小故事

要傾聽員工的意見

兩段對話，可以對比雙方溝通的態度和技巧。

對話一：

下屬：嗨，老闆，我剛聽說又要更換顏色，那麼我們剛持續生產了 30 分鐘，又要把設備拆洗一遍，我和夥計們都不情願。

老闆：波拉，你和你的夥計們最好別忘了誰在這兒說了算。該做什麼就做什麼，別再抱怨了！

下屬：我們不會忘掉這事兒的！

對話二：

下屬：嗨，老闆，我剛聽說又要更換顏色，那麼我們剛持續生產了 30 分鐘，又要把設備拆洗一遍，我和夥計們都不情願。

老闆：你們真的為此感到不安嗎，波拉？

下屬：是的，這樣我們得多做許多不必要的工作。

老闆：你們是覺得這類事情實在沒必要經常做是嗎？

下屬：喂，也許像我們這種一線部門沒法兒避免臨時性變動，有時我們不得不為某個特別顧客加班趕訂單。

老闆：對了。在現在的競爭形勢下，我們不得不盡一切努力為顧客服務，這就是為何我們都有飯碗的原因。

下屬：我想你是對的，老闆。我們會照辦的。

老闆：謝謝，波拉。

> 　　很明顯，第一組的溝通完全沒有達到目的，不僅如此，而且加深了催主和員工雙方的不信任感。第二組的溝通就比較到位，能夠使雙方都滿意的結果，因為每個人都需要得到理解和支援。

14 排磚塊

◎遊戲目的

讓組員瞭解，對下屬只是採用單向溝通，則不能很好地交流。培養組員通過與下屬溝通分配任務的能力。

◎遊戲人數

4-12 人。

◎遊戲時間

40-60 分鐘。

◎遊戲場地

室外平整場地。將其中一組磚塊構建的精細模型或物體，安置在組員們看不到的隔開區域；在隔開區聽力所及範圍的某個地方隨意堆放另一組磚塊。

◎遊戲道具

兩組完全相同的磚塊或者木塊，每組 50 個。最好將磚塊塗上不同顏色，這樣每組磚塊都是五彩繽紛的（增加混亂度）；給每個組員準備一副手套（用來搬運磚塊）。

◎遊戲步驟

①首先選一個志願者，這並不是一個危險角色——他的全部工作只是說話。

②讓志願者和那組隱蔽的磚塊待在一起，儘量不讓他看到第二組磚塊；也不能讓其他人知道培訓師把他帶到哪里去了。

③志願者的工作是指導其他隊友建造一個和自己面前的模型完全相同的結構。兩處的磚塊數量恰好相同。只允許單向溝通，這意味著志願者只能向他們發指令，而其他隊友不能說話。需要強制執行這條規則。當有人提問時，立即阻止他們交流。

④培訓師給組員們分發手套。要求他們聽從志願者的指揮。

⑤志願者開始發口令。

⑥當組員們按著志願者的要求建造模型後，還未來得及仔細觀看到底造了一種什麼結構時，培訓師立即向他們提出下列問題：

A. 你們只能單方面接受指令，有何感受？

B. 你們對此有什麼情緒？

C. 你們認為自己建造的模型和最初的結構到底有多麼相近？

D. 向那個只發指令的志願者提下列問題：

E. 你認為自己的口令清楚嗎？

F. 遊戲過程中你有何感受？

G. 你認為隊友構建的形狀和自己想像的模型接近嗎？

⑦讓大家觀看後，比較兩個模型。

⑧培訓師引導大家就溝通、設想和指導技巧等問題展開討論。

⑨再選一個志願者，讓他利用那組隱蔽磚塊建造一個不同的模型或物件，看看組員們是否能從剛才的討論中有所收穫（為節省時

間，你們討論問題時，讓助手重新建造一個模型）。

⑩重複遊戲，但這次允許雙向溝通，組員可以提問。兩個模型這次在外觀上應該比較相似。

◎遊戲討論

作為志願者，只是單向溝通，能否準確傳達資訊？

僅僅接受單向溝通傳達的資訊，是否能完全理解志願者的想法？

在向下屬分配任務的時候，表達的資訊一定要完整、明確。

在與下屬溝通的時候，一定要求下屬對任務資訊進行重複或提問，以糾正單向資訊傳遞易產生的誤差。

培訓小故事

拒絕有妙語

有一位婦人來找林肯總統，她理直氣壯地說：「總統先生，你一定要給我兒子一個上校的職位。我並不是要求你的恩賜，而是我們應該有這樣的權利。我的祖父曾參加過雷斯頓戰役，我的叔父在布拉敦斯堡是唯一沒有逃跑的人，而我的父親又參加過納奧林斯之戰，我丈夫是在曼特萊戰死的，所以我說……」

「夫人，你們一家三代為國服務，對於國家的貢獻實在夠多了，我深表敬意。現在你能不能給別人一個為國效力的機會？」林肯接過話說。

把拒絕變成讚美，這就是表達的藝術。在拒絕對方時，從對方的角度出發，這樣才能達到自己的目的。

15 怎樣分派任務

◎遊戲目的

透過溝通向下屬分配任務，了解與下屬溝通的有效性。

◎遊戲人數

12 人

◎遊戲時間

30 分鐘

◎遊戲場地

不限

◎遊戲道具

白板、紙、筆

◎遊戲步驟

1. 首先，把 12 人平均分成三組，每組四人，其中每組中一人扮演主管，其他三人扮演下屬。

2.「主管」利用兩分鐘的時間向三個「下屬」分配同樣的任務。

3.「下屬」在傾聽「主管」任務分配的過程中，對「主管」傳達的信息點進行記錄。

4. 三個組的「主管」進行輪換，並針對同樣的任務利用兩分鐘的時間進行分配，「下屬」對任務分配中透露的信息點進行記錄，如「任務是否緊迫、是否重要」等。

5. 每一組針對三個不同「主管」分配任務的表現進行討論。

◎遊戲討論

1. 「主管」在分配任務過程中所傳達的信息那些是必需的、那些是直接的、那些是間接的？

2. 三位「主管」存在那些同「下屬」溝通的不足之處，原因是什麼？

3. 究竟怎樣溝通才最有效？

4. 「主管」們可以利用配備的白板作為任務分配的輔助手段，當然也可以利用各種非語言的溝通形式，如手勢、表情等作為輔助。

5. 在「工作任務」的設計上，應當對三組的「工作任務」進行區分，如任務的輕重緩急，任務的類型（如生產任務、報告撰寫任務、研發任務）等。

6. 「主管」在分配工作任務時應當熟知工作任務的詳細信息，因此「工作任務」所包含的信息應滿足六分鐘左右的表述時間。

培訓小故事

顧客心理透徹看

在美國零售業中，有一家很有知名度的商店，它就是彭奈創設的「基督教商店」。彭奈的第一家零售店開設不久的一天，一個中年男子到店裏買打蛋器。

店員問：「先生，你是想要好一點的，還是要次一點的？」

那位男子聽了顯然有些不高興：「當然是要好的，不好的東西誰要？」

店員就把最好的打蛋器拿了出來給他看。

男子看了問：「這是最好的嗎？」

「是的，而且是牌子最老的。」

「多少錢？」

「120 元。」

「什麼！為什麼這樣貴？我聽說最好的才六十幾塊錢。」

「六十幾塊錢的我們也有，但那不是最好的。」

「可是，也不至於差這麼多錢呀！」

「差得並不多，還有十幾元一個的呢。」男子聽了店員的話，馬上面現不悅之色。

彭奈急忙趕了過去，對男子說：「先生，您想買打蛋器是不是，我介紹一種好產品給你。」

男子仿佛又有了興趣，問：「什麼樣的？」

　　彭奈拿出另外一種牌子來，說：「就是這一種，請您看一看，式樣還不錯吧？」

　　「多少錢？」

　　「54 元。」

　　「照你店員剛才的說法，這不是最好的，我不要。」

　　「我的這位店員剛才沒有說清楚，打蛋器有好幾種牌子，每種牌子都有最好的貨色，我剛拿出的這一種，是這種牌子中最好的。」

　　「可是為什麼比剛才那個老牌子的差那麼多錢？」

　　「這是製造成本的關係。每種品牌的機器構造不一樣，所用的材料也不同，所以在價格上會有出入。剛才那個老牌子的價錢高，有兩個原因，一是它的牌子信譽好，二是它的容量大，適合做糕點生意用。」彭奈耐心地說。

　　男子臉色緩和了很多：「喔，原來是這樣的。」

　　彭奈又說：「其實，有很多人喜歡用這種新牌子，就拿我來說吧，我用的就是這種牌子，性能並不差，而且它有個最大的優點：體積小，用起來方便，一般家庭最適合。府上有多少人？」

　　男子回答：「5 個。」

　　「那再合適不過了，我看您就拿這個回去用吧，保證不會失望。」

　　彭奈送走顧客，回頭對他的店員說：「你知不知道你今天的錯誤在什麼地方？」

　　那位店員愣愣地站在那裏，顯然不知道自己的錯誤。

　　「你錯在太強調『最好』這個觀念。」彭奈笑著說。

　　「可是，」店員說，「您經常告誡我們，要對顧客誠實，我的話並沒有錯呀！」

　　「你是沒有錯，只是缺乏技巧。我的生意做成了，難道我對顧客有不誠實的地方嗎？」

　　店員搖搖頭。彭奈又說：「除了說話的技巧外，還要摸清對方的心理，他一進門就要最好的，對不？這表示他優越感很強，可是一聽價錢太貴，他不肯承認他捨不得買，自然會把不是推到我們做生意的頭上，這是一般顧客的通病。假如你想做成這筆生意，一定要變換一種方式，在不損傷他優越感的情形下，使他買一種比較便宜的貨。」

　　為客戶提供產品或服務時，只有把握客戶的心理、尊重客戶的感受、真實表達，才能得到客戶的認同。

　　誠信是企業經營的根本。欺騙客戶，如同飲鴆止渴，不但會丟失市場，而且會使企業聲名狼藉。

16 團隊成員的不同性格牌

◎遊戲目的

促進團隊內部的溝通和交流，培養學員能夠與團隊內不同類型的人進行溝通的能力。

◎遊戲人數

45 人

◎遊戲時間

10 分鐘

◎遊戲場地

不限

◎遊戲材料

性格牌（見附件）45 個

附件　性格牌				
喜歡藍色	喜歡足球	願意做志願者	有子女	喜歡旅遊
會彈吉他	生性樂觀	喜歡思考	喜歡爬山	喜歡看電視
不喜歡吃肉	喜歡小孩	喜歡學習	不喜歡和他人交往	喜歡健身
喜歡開車	喜歡寫作	經常唱歌	喜歡看電影	喜歡探險
喜歡騎車	喜歡城市生活	嚮往鄉村生活	喜歡海邊	喜歡戲曲

◎遊戲步驟

1. 培訓師發給每個學員一張性格牌，請大家相互尋找符合要求的人，並請符合要求者在性格牌的相應欄內簽字。如果某人數項都符合，讓其簽最符合的一欄。

2. 10 分鐘後，選出得到簽名數量最多的前三名學員。

◎遊戲討論

1. 怎樣確定候選對象？運用什麼方法和他人進行溝通？

2. 面對不同性格的人（如外向和內向），應當分別運用什麼樣的溝通方式？

3. 向別人發問時應避免的六個方面：

⑴不期待答案，如提出修飾性的問題。

⑵打斷回答者的答覆。

⑶暗示想要的答案或修飾回答者給出的答案。

⑷心不在焉或聽錯了答案。

⑸不給回答者足夠的時間組織答案。

⑹發問思路不清，語言欠佳，需要重覆提出問題。

17 主管如何發號指令

◎遊戲目的

· 讓學員體會雙向與單向溝通的不同效果。

· 讓學員充分地意識到雙向溝通的重要性。

◎遊戲人數

8 人

◎遊戲時間

40 分鐘

◎遊戲場地

空地或操場

◎遊戲道具

1. 兩組完全相同的磚塊或者木塊，每組 50 塊。最好將磚塊塗上不同顏色，這樣每組磚塊都是五彩繽紛的(增加混亂度)。

2. 每個隊員一副手套(用來搬運磚塊)。

◎遊戲步驟

1. 將一組磚塊構建的精細模型或物體安置在隊員們看不到的隔開區域；在隔開區聽力所及範圍的某個地方隨意堆放另一組磚塊。例如，在兩棵樹之間掛一個毯子隔開第一組磚塊就是一個好辦法。

2. 首先選一個主管者，他透過說話的方式開展工作。

3. 讓主管者待在那組隱蔽的磚塊處，儘量不讓他看到第二組磚塊；也不能讓其他人知道你把他帶到那裏去了。

4. 主管者的工作是指導其他隊友建造一個和自己面前的模型完全相同的結構，且兩處的磚塊數量恰好相同。只允許單向溝通，這意味著主管者只能向他們發指令，而其他隊友不能說話。需要強制執行這條規則，當有人提問時，立即阻止他們交流。

5. 給隊員們分發手套。要求他們聽從主管者的指揮。

6. 主管者開始發口令。小心不要讓磚塊砸到隊員的腳。

7. 當隊員們按照主管者的口令建造模型後，在還未來得及仔細觀看究竟造了一種什麼結構時，立即向他們提出下列問題。

⑴你們只能單方面接受指令，有何感受？

⑵你們認為自己建造的模型和最初的結構究竟有多麼相似？

向那個發指令的主管者提出下列問題。

⑴你認為自己的口令清楚嗎？

⑵遊戲過程中你有何感受？

⑶你認為隊友構建的形狀和自己想像的模型接近嗎？

8. 讓大家觀看後對兩個模型進行比較。

9. 比較之後，引導大家就溝通、設想和指導技巧等問題展開討論。

10. 再選一個主管者，讓他利用那組隱蔽磚塊建造一個不同的模型或物件，看看隊員們是否能從剛才的討論中有所收穫（為節省時間，你們討論問題時便讓助手重新建造一個模型）。

11. 重覆遊戲，但這次允許雙向溝通，隊員可以提問。兩個模型這次在外觀上應該比較相似。

12.也可以採用兩套不同顏色混雜的剪紙圖形代替磚塊，兩套剪紙的形狀要完全相同。

 培訓小故事

寡婦想嫁有妙計

清代有位女子，自幼蘭心慧質，婚後夫家雖然不富裕，小夫妻倒也融洽恩愛。

不想一年後丈夫忽染絕症，撒手西歸。其時少婦還不到 20 歲，而家中婆母早已亡故，只有 40 多歲的公公與日漸長大的小叔子。那少婦日夜操持家務，並不嫌勞累，但正值青春妙齡，夜夜獨守空帳，日子久了，就生出再嫁的念頭來。

但此事非同小可，夫家所在之地素以「民情淳厚、風俗清明」著稱，族人們非常看重貞節操守，鄉鎮裏還建有貞節碑坊多座，貿然提出改嫁的要求，必為夫家族中不容。

怎麼辦？少婦終於想出一條計策，並趁回娘家之機請人寫了訴狀藏好。

後來，外村的一位男子托媒人前來說合，少婦同意，但遭夫家及族人的堅決反對，無奈，只好訴之公堂。少婦拿出早準備好的訴狀，遞進縣衙。

訴狀上僅有 16 個字：「夫亡婦少，翁壯叔大，瓜田李下，該不該嫁？」

縣令閱後，沉吟良久，批准了再嫁的請求，並暗暗為這名少婦的慧思所折服。她並沒有正面與節烈風俗開火，而是指出了可能更加傷風敗俗的危險境地，從而達到了自己的目的。

表達時，要想達到自己目的，有時無須直接說出，只須切中要害，讓對方做出判斷。表達得簡單明瞭，聽起來叫人舒服，效果也更好。

18 化解對抗

◎遊戲目的

讓組員學會善待下屬，提高組員的溝通能力。

◎遊戲人數

45 人。

◎遊戲時間

45 分鐘。

◎遊戲場地

不限。

◎遊戲道具

5 個題板紙和 5 面旗子。

◎遊戲步驟

①在與下屬進行溝通的時候，一定要保證不對抗，只有這樣才

能稱之為有效溝通。培訓師需要幫助組員理解使用尊敬和確定的語言的重要性。讓組員掌握「五步對抗模式」的交流方法。

②介紹這個五步模型。

A. 不要描述不快樂的現在，而要描述充滿希望的未來，你希望消除對抗達到的結果。在這種情況下，你可以說：「我希望我們可以處好關係，使我們在一起工作時感覺很舒適。」

B. 詳細地描述問題。比如，你覺得你的同事在其他人面前貶低你，你可以這麼說：「在我們上一次小組會議中，我一講話，你就滴溜溜地轉眼珠，你把我關於轉型的想法描述得一文不值。」

C. 假設那個人並沒有意識到，向他表明，這種行為是一個問題。你應該使你的表述更充實，說：「當你這麼做時，我感到受到了侮辱和輕視。我們好像把太多精力放在互相找茬兒上了，而不是放在工作的專案上：」

D. 提供一種解決方法：如果你不同意我的看法時，我比較喜歡你友好地當面告訴我，以便我能公正地聽取你的反對意見。我希望你能用更加尊重一些的肢體語言。在把我的想法評價為一文不值或是錯誤之前，請仔細考慮一下我的想法。

E. 給將來一個積極的展望：如果你能這麼做，我覺得我會更好地支援你的目標和想法。

③邀請一些人描述他們需要直接對抗的經歷，即當他們採用含蓄的方式不能達到效果時。

④把大家分成小組，每組 5-7 人，給每個小組一張題板紙和一面旗子。

⑤分別分給每個小組上述五步模式中的任意一步。採用剛剛描

述的方法，請各個小組提出盡可能多的與這一步相區配的表達。

⑥如果還有時間，把寫有全部表述的題板紙貼出來，讓大家大聲朗讀各種表述。

◎遊戲討論

對付難對付的人時，使用化解對抗的五步模式有什麼好處？當你處於危險之中時，你怎麼才能使自己有足夠的時間來進行表述？

在現實生活中，你將怎樣使用這個模式？

人與人的交流需要技巧，一味的敵對或妥協都不可能達到最有效的溝通。

一個上級如果不能化解下屬的對抗情緒，就無法做到與下屬的有效溝通。

培訓小故事

如何推銷

電器公司的約瑟夫‧韋伯在賓夕法尼亞州一個富饒的地區做考察。「為什麼這些人不使用電器呢？」經過一家管理良好的農莊時，他問該區的代表。

「他們一毛不拔，你無法賣給他們任何東西，」那位代表回答，「此外，他們對公司火氣很大。我試過了，一點兒希望也沒有。」

雖然看似一點希望也沒有，但韋伯決定無論如何也要嘗試一

下，因此他敲了敲那家農舍的門，門打開了一條小縫，屈根堡太太探出頭來。

一看到先前那位公司代表，她立即就把門砰地一聲關了起來。韋伯沒有離開，他又敲了敲門，屈根堡太太再次氣憤地探出了頭。

「屈根堡太太，」韋伯說，「很抱歉打擾您，但我們不是來向您推銷電器的，我只是要買一些雞蛋罷了。」

她把門又開大了一點，懷疑地瞧著韋伯。

「我注意到您那些可愛的多明尼克雞，我想買一打鮮蛋。」

門又開大了一點，「你怎麼知道我的雞是多明尼克種？」她好奇地問。「我自己也養雞，而我必須承認，我從來沒見過這麼棒的多明尼克雞。」

「那你為什麼不吃自己的雞下的蛋呢？」她仍然有點懷疑。

「因為我的雞下的是白殼蛋。當然，您知道，做蛋糕的時候，白殼蛋是比不上紅殼蛋的，而我妻子以她的蛋糕自豪。」

這時候，屈根堡太太放下了戒心，溫和多了。同時，韋伯的眼睛四處打量，發現這農舍裏有一間修得很好看的奶牛棚。

韋伯找到了話題，「事實上，屈根堡太太，我敢打賭，你養雞所賺的錢，比你丈夫養乳牛所賺的錢要多。」

這下，她可高興了！她興奮地告訴韋伯，她真的比她的丈夫賺錢多，但她無法使自己那頑固的丈夫承認這一點。

她邀請韋伯一行參觀她的雞棚。參觀時，韋伯注意到她在雞棚裏裝了各式各樣的小機械，並對此大加讚賞，他還介紹了一些

控制溫度的方法，並向她請教了幾件事。他們高興地交流了一些經驗。

　　不一會兒，屈根堡太太告訴韋伯，附近一些鄰居在雞棚裏裝設了電器，據說效果不錯。她徵求韋伯的意見，想知道是否真值得那麼做……兩個星期之後，屈根堡太太的那些多明尼克雞就在電燈的照耀下了。韋伯成功地推銷了電器設備，而屈根堡太太因此得到了更多的雞蛋，皆大歡喜。

　　要打開顧客的心理之門，需要採用巧妙的溝通方式。在溝通時，應關注對方感興趣的話題，這樣既能達到自己的目的，又能設身處地地為對方著想，這才是溝通的最高境界。

19 溝通和交流

◎遊戲目的

增進團隊成員之間的瞭解，促進學員間的相互溝通和交流。

◎遊戲人數

不限

◎遊戲時間

30 分鐘

◎遊戲場地

不限

◎遊戲材料

無

◎遊戲步驟

讓學員在 15 分鐘內到場地週圍找一件能代表自己的物品，讓學員展示自己找到的物品並解釋其含義。例如，我選擇了一塊石頭，因為它堅硬，這代表了我的堅強；我選擇了一片樹葉，因為它是綠色的，這代表了我對生命的熱愛。

◎遊戲討論

1. 你對物品做出怎樣的解釋，才能使別人更好地理解你？
2. 在眾多的物品中，為什麼你會選擇這個物品？
3. 透過這個遊戲，你對其他學員的瞭解增加了多少？
4. 團隊成員表達前應做的準備：

⑴**要審視自己**

表達就是向別人傳遞信息，而要確定所傳遞的信息是否完整、準確、易懂，唯一能做的就是審視自己的內心世界，認真思考一下本次溝通的目的是什麼，實現這樣的目的需要什麼樣的信息，這些信息應該以怎樣的方式傳遞，這樣傳遞是否真的能夠實現溝通的目的。為此，可以做一些事先練習，如在大腦中多次重覆想要表達的內容，並選擇適當的語氣。表達能力會在這些練習中逐步得到提升。

⑵**要做聽眾分析**

表達信息之前還要認真分析聽眾的心理狀態和現實狀況，要摸清對方的心情如何，是焦急、痛苦還是愉悅，對方的工作生活怎樣，當前興趣又是什麼。同時，還要時刻注意聽眾的反應，包括其面部表情、目光接觸和肢體語言，如對方是否有疑問、是否精神集中等。

(3)要留意所在場合

通常，只有當兩人獨處、不受外界干擾時才能有較好的溝通效果。在嘈雜的環境下，聽眾可能只接受到了你所表達的部份信息。而且在壓力大或緊張感較強的場合，信息難以被準確和完整地表達，這也會影響溝通的效果。因此，要根據不同場合選擇不同的溝通方式。

 培訓小故事

有效引導賣軟體

一位遊戲軟體推銷員在推銷產品時對顧客說：「您孩子快上中學了吧？」

顧客愣了一下說：「對呀。」

「中學是最需要開啟智力的時候，我這兒有一些遊戲軟體，對您孩子的智力提高一定有益。我想，您一定希望您兒子的智力超人一等吧？」

顧客：「我兒子不需要什麼遊戲軟體，都快上中學了，誰還玩這些玩意兒，你難道沒聽說過玩物喪志這句話嗎？」

推銷員：「我的這個遊戲軟體是專門為中學生設計的，它是一款將數學、英語結合在一起的智力遊戲，絕不是一般的遊戲軟體，它的主要作用是提高玩家的數學和英語水準。」

顧客開始猶豫了。

推銷員接著說：「現在是一個知識爆炸的時代，孩子們不用再像我們以前那樣一味地從書本上學知識了。現代的知識是要通過現代的方式學的，您不要固執地以為遊戲軟體是害孩子的，遊戲軟體現在已經成為孩子重要的學習工具了。」

接著，推銷員從包裹取出一張軟體遞給顧客說：「這就是我所說的遊戲軟體，來，咱們試著看一下，您買不買沒關係。」

果然經過親身體驗，顧客被吸引住了。

推銷員說：「現在的孩子真幸福，一生下來就處在一個良好的環境中，家長們為了孩子的全面發展，往往在所不惜。我去見了好幾個家長，他們都買了。家長們都很高興能有這樣有助於孩子學習的產品，還要求我一有新的產品就告訴他們。」

結果，顧客心甘情願地購買了遊戲軟體。

需求是孩子的，但決策人卻是家長，只有找到他們的利益共同點，才能促成銷售。

只有洞悉客戶的內心，貼近客戶的心理，掌握客戶的需求，才能成功地推銷自己的產品。

20 猜猜人名

◎遊戲目的

加深學員間的相互瞭解與熟悉，提高學員的表達能力。

◎遊戲人數

50 人

◎遊戲時間

45 分鐘

◎遊戲場地

空地或操場

◎遊戲材料

不透明幕布 1 條

◎遊戲步驟

將學員分成人數相等的兩組，分開站立。每個學員依次說出自己的名字或希望得到的稱謂。培訓師用幕布將兩組學員隔開，並讓兩組人蹲下。

一、第一階段

遊戲規則：兩個小組各派一位代表到幕布前，隔著幕布面對面坐下，然後放下幕布；兩人中先說出對方的名字或稱謂者為勝方，勝方可以將對面成員俘虜至本組。

二、第二階段

遊戲規則：兩個小組各派一位代表到幕布前，隔著幕布背對背坐下，然後放下幕布；兩人要依靠本組成員的提示（不可以說出名字或稱謂）來推測對方是誰。兩人中先說出對方的姓名或稱謂者為勝方，勝方可以將對面成員俘虜至本組。

◎遊戲討論

1. 大家玩得開心嗎？是否還想繼續玩下去？

2. 怎樣才能快速記住他人的姓名？

3. 在遊戲的第二階段中，各組成員應當怎樣為自己的小組代表做提示？

4. 影響傾聽效率的三大要素：

(1) 環境的干擾

環境對人的聽覺與心理活動有重要影響。佈局雜亂、聲音嘈雜的環境將會導致信息接收的缺損。

(2) 信息品質低下

講述者有時會發出無效的信息，如一些過激的言辭、過度的抱怨等等。而不善於表達或缺乏表達的願望也會導致無效信息的產生。

(3) 傾聽者主觀障礙

傾聽者的主觀障礙主要表現在傾聽者以自我為中心，在理解和感知時對某些信息先入為主，夾雜了個人偏見。

培訓小故事

乞討如何寫語句

巴黎的聖馬丁大教堂附近，每日遊客如織，一個盲人在此乞討，他的面前擺著一張紙條，上面寫著「我一出生就瞎了眼睛」的字樣，紙條上邊擺著個破帽子，但並沒有多少人給他錢。

一天，一位美國遊客到此遊玩，見此情景就和他的法國朋友打賭，說他有辦法讓那乞丐的帽子中盛滿錢。法國朋友自然樂於打賭，然後這位從事銷售工作的美國遊客走上前去，把乞丐的紙條翻過來，在上邊重新寫了幾句話。

說來真怪，自從新句子擺出來後，不一會兒帽子中就裝滿了錢。

紙條上是這樣寫的：「春天來了，各位到此欣賞美景，一定很快樂，而我卻什麼也看不見，因為我一出生就失去了光明。」

要想達到自己的目的，就要表達得恰如其分，引起聽者的共鳴。同一個意思，有不同的表達方式。直接的表達，有時只是一個告知；充滿感情的表達，不僅能夠言明其意，更能引起聽者的注意。

臺灣的核心競爭力，就在這裏！

圖書出版目錄

　　憲業企管顧問（集團）公司為企業界提供診斷、輔導、培訓等專項工作。下列圖書是由臺灣的憲業企管顧問（集團）公司所出版，自 1993 年秉持專業立場，特別注重實務應用，50 餘位顧問師為企業界提供最專業的經營管理類圖書。

　　選購企管書，敬請認明品牌 ： 憲業企管公司。

1. 傳播書香社會，直接向本出版社購買，一律 9 折優惠，郵遞費用由本公司負擔。服務電話(02) 27622241　(03) 9310960　　傳真(03) 9310961

2. 付款方式：請將書款轉帳到我公司下列的銀行帳戶。
   - 銀行名稱：合作金庫銀行（敦南分行）帳號：**5034-717-347447**
   公司名稱：憲業企管顧問有限公司
   - 郵局劃撥號碼：**18410591**　郵局劃撥戶名：憲業企管顧問公司

3. 圖書出版資料每週隨時更新，請見網站 www.bookstore99.com

─────經營顧問叢書─────

25	王永慶的經營管理	360 元	122	熱愛工作	360 元
47	營業部門推銷技巧	390 元	125	部門經營計劃工作	360 元
52	堅持一定成功	360 元	129	邁克爾‧波特的戰略智慧	360 元
56	對準目標	360 元	130	如何制定企業經營戰略	360 元
60	寶潔品牌操作手冊	360 元	135	成敗關鍵的談判技巧	360 元
72	傳銷致富	360 元	137	生產部門、行銷部門績效考核手冊	360 元
78	財務經理手冊	360 元	139	行銷機能診斷	360 元
79	財務診斷技巧	360 元	140	企業如何節流	360 元
86	企劃管理制度化	360 元	141	責任	360 元
91	汽車販賣技巧大公開	360 元	142	企業接棒人	360 元
97	企業收款管理	360 元	144	企業的外包操作管理	360 元
100	幹部決定執行力	360 元			

146	主管階層績效考核手冊	360 元	226	商業網站成功密碼	360 元
147	六步打造績效考核體系	360 元	228	經營分析	360 元
148	六步打造培訓體系	360 元	229	產品經理手冊	360 元
149	展覽會行銷技巧	360 元	230	診斷改善你的企業	360 元
150	企業流程管理技巧	360 元	232	電子郵件成功技巧	360 元
152	向西點軍校學管理	360 元	234	銷售通路管理實務〈增訂二版〉	360 元
154	領導你的成功團隊	360 元	235	求職面試一定成功	360 元
155	頂尖傳銷術	360 元	236	客戶管理操作實務〈增訂二版〉	360 元
160	各部門編制預算工作	360 元	237	總經理如何領導成功團隊	360 元
163	只為成功找方法，不為失敗找藉口	360 元	238	總經理如何熟悉財務控制	360 元
167	網路商店管理手冊	360 元	239	總經理如何靈活調動資金	360 元
168	生氣不如爭氣	360 元	240	有趣的生活經濟學	360 元
170	模仿就能成功	350 元	241	業務員經營轄區市場（增訂二版）	360 元
176	每天進步一點點	350 元	242	搜索引擎行銷	360 元
181	速度是贏利關鍵	360 元	243	如何推動利潤中心制度（增訂二版）	360 元
183	如何識別人才	360 元	244	經營智慧	360 元
184	找方法解決問題	360 元	245	企業危機應對實戰技巧	360 元
185	不景氣時期，如何降低成本	360 元	246	行銷總監工作指引	360 元
186	營業管理疑難雜症與對策	360 元	247	行銷總監實戰案例	360 元
187	廠商掌握零售賣場的竅門	360 元	248	企業戰略執行手冊	360 元
188	推銷之神傳世技巧	360 元	249	大客戶搖錢樹	360 元
189	企業經營案例解析	360 元	250	企業經營計劃〈增訂二版〉	360 元
191	豐田汽車管理模式	360 元	252	營業管理實務（增訂二版）	360 元
192	企業執行力（技巧篇）	360 元	253	銷售部門績效考核量化指標	360 元
193	領導魅力	360 元	254	員工招聘操作手冊	360 元
198	銷售說服技巧	360 元	256	有效溝通技巧	360 元
199	促銷工具疑難雜症與對策	360 元	257	會議手冊	360 元
200	如何推動目標管理(第三版)	390 元	258	如何處理員工離職問題	360 元
201	網路行銷技巧	360 元	259	提高工作效率	360 元
204	客戶服務部工作流程	360 元	261	員工招聘性向測試方法	360 元
206	如何鞏固客戶（增訂二版）	360 元	262	解決問題	360 元
208	經濟大崩潰	360 元	263	微利時代制勝法寶	360 元
215	行銷計劃書的撰寫與執行	360 元	264	如何拿到 VC（風險投資）的錢	360 元
216	內部控制實務與案例	360 元	267	促銷管理實務〈增訂五版〉	360 元
217	透視財務分析內幕	360 元	268	顧客情報管理技巧	360 元
219	總經理如何管理公司	360 元			
222	確保新產品銷售成功	360 元			
223	品牌成功關鍵步驟	360 元			
224	客戶服務部門績效量化指標	360 元			

269	如何改善企業組織績效〈增訂二版〉	360 元
270	低調才是大智慧	360 元
272	主管必備的授權技巧	360 元
275	主管如何激勵部屬	360 元
276	輕鬆擁有幽默口才	360 元
277	各部門年度計劃工作（增訂二版）	360 元
278	面試主考官工作實務	360 元
279	總經理重點工作（增訂二版）	360 元
282	如何提高市場佔有率（增訂二版）	360 元
283	財務部流程規範化管理（增訂二版）	360 元
284	時間管理手冊	360 元
285	人事經理操作手冊（增訂二版）	360 元
286	贏得競爭優勢的模仿戰略	360 元
287	電話推銷培訓教材（增訂三版）	360 元
288	贏在細節管理（增訂二版）	360 元
289	企業識別系統 CIS（增訂二版）	360 元
290	部門主管手冊（增訂五版）	360 元
291	財務查帳技巧（增訂二版）	360 元
292	商業簡報技巧	360 元
293	業務員疑難雜症與對策（增訂二版）	360 元
294	內部控制規範手冊	360 元
295	哈佛領導力課程	360 元
296	如何診斷企業財務狀況	360 元
297	營業部轄區管理規範工具書	360 元
298	售後服務手冊	360 元
299	業績倍增的銷售技巧	400 元
300	行政部流程規範化管理（增訂二版）	400 元
302	行銷部流程規範化管理（增訂二版）	400 元
303	人力資源部流程規範化管理（增訂四版）	420 元

304	生產部流程規範化管理（增訂二版）	400 元
305	績效考核手冊(增訂二版)	400 元
306	經銷商管理手冊(增訂四版)	420 元
307	招聘作業規範手冊	420 元
308	喬·吉拉德銷售智慧	400 元
309	商品鋪貨規範工具書	400 元
310	企業併購案例精華（增訂二版）	420 元
311	客戶抱怨手冊	400 元
312	如何撰寫職位說明書（增訂二版）	400 元
313	總務部門重點工作（增訂三版）	400 元
314	客戶拒絕就是銷售成功的開始	400 元
315	如何選人、育人、用人、留人、辭人	400 元
316	危機管理案例精華	400 元
317	節約的都是利潤	400 元
318	企業盈利模式	400 元
319	應收帳款的管理與催收	420 元
320	總經理手冊	420 元
321	新產品銷售一定成功	420 元
322	銷售獎勵辦法	420 元
323	財務主管工作手冊	420 元
324	降低人力成本	420 元
325	企業如何制度化	420 元
326	終端零售店管理手冊	420 元
327	客戶管理應用技巧	420 元
328	如何撰寫商業計畫書（增訂二版）	420 元

《商店叢書》

18	店員推銷技巧	360 元
30	特許連鎖業經營技巧	360 元
35	商店標準操作流程	360 元
36	商店導購口才專業培訓	360 元
37	速食店操作手冊〈增訂二版〉	360 元
38	網路商店創業手冊〈增訂二版〉	360 元
40	商店診斷實務	360 元

41	店鋪商品管理手冊	360 元
42	店員操作手冊（增訂三版）	360 元
44	店長如何提升業績〈增訂二版〉	360 元
45	向肯德基學習連鎖經營〈增訂二版〉	360 元
47	賣場如何經營會員制俱樂部	360 元
48	賣場銷量神奇交叉分析	360 元
49	商場促銷法寶	360 元
53	餐飲業工作規範	360 元
54	有效的店員銷售技巧	360 元
55	如何開創連鎖體系〈增訂三版〉	360 元
56	開一家穩賺不賠的網路商店	360 元
57	連鎖業開店複製流程	360 元
58	商舖業績提升技巧	360 元
59	店員工作規範（增訂二版）	400 元
60	連鎖業加盟合約	400 元
61	架設強大的連鎖總部	400 元
62	餐飲業經營技巧	400 元
63	連鎖店操作手冊（增訂五版）	420 元
64	賣場管理督導手冊	420 元
65	連鎖店督導師手冊〈增訂二版〉	420 元
67	店長數據化管理技巧	420 元
68	開店創業手冊〈增訂四版〉	420 元
69	連鎖業商品開發與物流配送	420 元
70	連鎖業加盟招商與培訓作法	420 元
71	金牌店員內部培訓手冊	420 元
72	如何撰寫連鎖業營運手冊〈增訂三版〉	420 元
73	店長操作手冊（增訂七版）	420 元
74	連鎖企業如何取得投資公司注入資金	420 元

《工廠叢書》

15	工廠設備維護手冊	380 元
16	品管圈活動指南	380 元
17	品管圈推動實務	380 元
20	如何推動提案制度	380 元
24	六西格瑪管理手冊	380 元
30	生產績效診斷與評估	380 元

32	如何藉助 IE 提升業績	380 元
38	目視管理操作技巧(增訂二版)	380 元
46	降低生產成本	380 元
47	物流配送績效管理	380 元
51	透視流程改善技巧	380 元
55	企業標準化的創建與推動	380 元
56	精細化生產管理	380 元
57	品質管制手法〈增訂二版〉	380 元
58	如何改善生產績效〈增訂二版〉	380 元
68	打造一流的生產作業廠區	380 元
70	如何控制不良品〈增訂二版〉	380 元
71	全面消除生產浪費	380 元
72	現場工程改善應用手冊	380 元
77	確保新產品開發成功（增訂四版）	380 元
79	6S 管理運作技巧	380 元
83	品管部經理操作規範〈增訂二版〉	380 元
84	供應商管理手冊	380 元
85	採購管理工作細則〈增訂二版〉	380 元
87	物料管理控制實務〈增訂二版〉	380 元
88	豐田現場管理技巧	380 元
89	生產現場管理實戰案例〈增訂三版〉	380 元
90	如何推動 5S 管理（增訂五版）	420 元
92	生產主管操作手冊(增訂五版)	420 元
93	機器設備維護管理工具書	420 元
94	如何解決工廠問題	420 元
96	生產訂單運作方式與變更管理	420 元
97	商品管理流程控制(增訂四版)	420 元
98	採購管理實務〈增訂六版〉	420 元
99	如何管理倉庫〈增訂八版〉	420 元
100	部門績效考核的量化管理（增訂六版）	420 元
101	如何預防採購舞弊	420 元
102	生產主管工作技巧	420 元

103	工廠管理標準作業流程〈增訂三版〉	420 元
104	採購談判與議價技巧〈增訂三版〉	420 元
105	生產計劃的規劃與執行（增訂二版）	420 元

《醫學保健叢書》

1	9 週加強免疫能力	320 元
3	如何克服失眠	320 元
4	美麗肌膚有妙方	320 元
5	減肥瘦身一定成功	360 元
6	輕鬆懷孕手冊	360 元
7	育兒保健手冊	360 元
8	輕鬆坐月子	360 元
11	排毒養生方法	360 元
13	排除體內毒素	360 元
14	排除便秘困擾	360 元
15	維生素保健全書	360 元
16	腎臟病患者的治療與保健	360 元
17	肝病患者的治療與保健	360 元
18	糖尿病患者的治療與保健	360 元
19	高血壓患者的治療與保健	360 元
22	給老爸老媽的保健全書	360 元
23	如何降低高血壓	360 元
24	如何治療糖尿病	360 元
25	如何降低膽固醇	360 元
26	人體器官使用說明書	360 元
27	這樣喝水最健康	360 元
28	輕鬆排毒方法	360 元
29	中醫養生手冊	360 元
30	孕婦手冊	360 元
31	育兒手冊	360 元
32	幾千年的中醫養生方法	360 元
34	糖尿病治療全書	360 元
35	活到 120 歲的飲食方法	360 元
36	7 天克服便秘	360 元
37	為長壽做準備	360 元
39	拒絕三高有方法	360 元
40	一定要懷孕	360 元
41	提高免疫力可抵抗癌症	360 元

42	生男生女有技巧〈增訂三版〉	360 元

《培訓叢書》

11	培訓師的現場培訓技巧	360 元
12	培訓師的演講技巧	360 元
15	戶外培訓活動實施技巧	360 元
17	針對部門主管的培訓遊戲	360 元
21	培訓部門經理操作手冊（增訂三版）	360 元
23	培訓部門流程規範化管理	360 元
24	領導技巧培訓遊戲	360 元
26	提升服務品質培訓遊戲	360 元
27	執行能力培訓遊戲	360 元
28	企業如何培訓內部講師	360 元
29	培訓師手冊（增訂五版）	420 元
30	團隊合作培訓遊戲(增訂三版)	420 元
31	激勵員工培訓遊戲	420 元
32	企業培訓活動的破冰遊戲（增訂二版）	420 元
33	解決問題能力培訓遊戲	420 元
34	情商管理培訓遊戲	420 元
35	企業培訓遊戲大全(增訂四版)	420 元
36	銷售部門培訓遊戲綜合本	420 元
37	溝通能力培訓遊戲	420 元

《傳銷叢書》

4	傳銷致富	360 元
5	傳銷培訓課程	360 元
10	頂尖傳銷術	360 元
12	現在輪到你成功	350 元
13	鑽石傳銷商培訓手冊	350 元
14	傳銷皇帝的激勵技巧	360 元
15	傳銷皇帝的溝通技巧	360 元
19	傳銷分享會運作範例	360 元
20	傳銷成功技巧（增訂五版）	400 元
21	傳銷領袖（增訂二版）	400 元
22	傳銷話術	400 元
23	如何傳銷邀約	400 元

《幼兒培育叢書》

1	如何培育傑出子女	360 元
2	培育財富子女	360 元
3	如何激發孩子的學習潛能	360 元

4	鼓勵孩子	360 元
5	別溺愛孩子	360 元
6	孩子考第一名	360 元
7	父母要如何與孩子溝通	360 元
8	父母要如何培養孩子的好習慣	360 元
9	父母要如何激發孩子學習潛能	360 元
10	如何讓孩子變得堅強自信	360 元

《成功叢書》

1	猶太富翁經商智慧	360 元
2	致富鑽石法則	360 元
3	發現財富密碼	360 元

《企業傳記叢書》

1	零售巨人沃爾瑪	360 元
2	大型企業失敗啟示錄	360 元
3	企業併購始祖洛克菲勒	360 元
4	透視戴爾經營技巧	360 元
5	亞馬遜網路書店傳奇	360 元
6	動物智慧的企業競爭啟示	320 元
7	CEO 拯救企業	360 元
8	世界首富 宜家王國	360 元
9	航空巨人波音傳奇	360 元
10	傳媒併購大亨	360 元

《智慧叢書》

1	禪的智慧	360 元
2	生活禪	360 元
3	易經的智慧	360 元
4	禪的管理大智慧	360 元
5	改變命運的人生智慧	360 元
6	如何吸取中庸智慧	360 元
7	如何吸取老子智慧	360 元
8	如何吸取易經智慧	360 元
9	經濟大崩潰	360 元
10	有趣的生活經濟學	360 元
11	低調才是大智慧	360 元

《DIY 叢書》

1	居家節約竅門 DIY	360 元
2	愛護汽車 DIY	360 元
3	現代居家風水 DIY	360 元
4	居家收納整理 DIY	360 元
5	廚房竅門 DIY	360 元

6	家庭裝修 DIY	360 元
7	省油大作戰	360 元

《財務管理叢書》

1	如何編制部門年度預算	360 元
2	財務查帳技巧	360 元
3	財務經理手冊	360 元
4	財務診斷技巧	360 元
5	內部控制實務	360 元
6	財務管理制度化	360 元
8	財務部流程規範化管理	360 元
9	如何推動利潤中心制度	360 元

為方便讀者選購，本公司將一部分上述圖書又加以專門分類如下：

《主管叢書》

1	部門主管手冊（增訂五版）	360 元
2	總經理手冊	420 元
4	生產主管操作手冊（增訂五版）	420 元
5	店長操作手冊（增訂六版）	420 元
6	財務經理手冊	360 元
7	人事經理操作手冊	360 元
8	行銷總監工作指引	360 元
9	行銷總監實戰案例	360 元

《總經理叢書》

1	總經理如何經營公司(增訂二版)	360 元
2	總經理如何管理公司	360 元
3	總經理如何領導成功團隊	360 元
4	總經理如何熟悉財務控制	360 元
5	總經理如何靈活調動資金	360 元
6	總經理手冊	420 元

《人事管理叢書》

1	人事經理操作手冊	360 元
2	員工招聘操作手冊	360 元
3	員工招聘性向測試方法	360 元
5	總務部門重點工作（增訂三版）	400 元
6	如何識別人才	360 元
7	如何處理員工離職問題	360 元
8	人力資源部流程規範化管理（增訂四版）	420 元

9	面試主考官工作實務	360 元
10	主管如何激勵部屬	360 元
11	主管必備的授權技巧	360 元
12	部門主管手冊（增訂五版）	360 元

《理財叢書》

1	巴菲特股票投資忠告	360 元
2	受益一生的投資理財	360 元
3	終身理財計劃	360 元
4	如何投資黃金	360 元
5	巴菲特投資必贏技巧	360 元
6	投資基金賺錢方法	360 元
7	索羅斯的基金投資必贏忠告	360 元
8	巴菲特為何投資比亞迪	360 元

《網路行銷叢書》

1	網路商店創業手冊〈增訂二版〉	360 元
2	網路商店管理手冊	360 元
3	網路行銷技巧	360 元
4	商業網站成功密碼	360 元
5	電子郵件成功技巧	360 元
6	搜索引擎行銷	360 元

《企業計劃叢書》

1	企業經營計劃〈增訂二版〉	360 元
2	各部門年度計劃工作	360 元
3	各部門編制預算工作	360 元
4	經營分析	360 元
5	企業戰略執行手冊	360 元

請保留此圖書目錄：

未來在長遠的工作上，此圖書目錄

可能會對您有幫助！！

用培訓、提升企業競爭力是萬無一失、事半功倍的方法。其效果更具有超大的「投資報酬力」！

好消息

最 暢 銷 的 工 廠 叢 書

序　號	名　稱	售　價
47	物流配送績效管理	380元
51	透視流程改善技巧	380元
55	企業標準化的創建與推動	380元
56	精細化生產管理	380元
57	品質管制手法〈增訂二版〉	380元
58	如何改善生產績效〈增訂二版〉	380元
68	打造一流的生產作業廠區	380元
70	如何控制不良品〈增訂二版〉	380元
71	全面消除生產浪費	380元
72	現場工程改善應用手冊	380元
75	生產計劃的規劃與執行	380元
77	確保新產品開發成功（增訂四版）	380元
79	6S管理運作技巧	380元
83	品管部經理操作規範〈增訂二版〉	380元
84	供應商管理手冊	380元
85	採購管理工作細則〈增訂二版〉	380元
87	物料管理控制實務〈增訂二版〉	380元
88	豐田現場管理技巧	380元
89	生產現場管理實戰案例〈增訂三版〉	380元
90	如何推動5S管理（增訂五版）	420元
92	生產主管操作手冊（增訂五版）	420元
93	機器設備維護管理工具書	420元
94	如何解決工廠問題	420元
96	生產訂單運作方式與變更管理	420元
97	商品管理流程控制（增訂四版）	420元
98	採購管理實務〈增訂六版〉	420元
99	如何管理倉庫〈增訂八版〉	420元
100	部門績效考核的量化管理（增訂六版）	420元
101	如何預防採購舞弊	420元
102	生產主管工作技巧	420元
103	工廠管理標準作業流程〈增訂三版〉	420元

使用培訓、提升企業競爭力是萬無一失、事半功倍的方法。其效果更具有超大的「投資報酬力」！

好消息

最 暢 銷 的 商 店 叢 書

序 號	名 稱	售價
38	網路商店創業手冊〈增訂二版〉	360 元
40	商店診斷實務	360 元
41	店鋪商品管理手冊	360 元
42	店員操作手冊（增訂三版）	360 元
44	店長如何提升業績〈增訂二版〉	360 元
45	向肯德基學習連鎖經營〈增訂二版〉	360 元
47	賣場如何經營會員制俱樂部	360 元
48	賣場銷量神奇交叉分析	360 元
49	商場促銷法寶	360 元
53	餐飲業工作規範	360 元
54	有效的店員銷售技巧	360 元
55	如何開創連鎖體系〈增訂三版〉	360 元
56	開一家穩賺不賠的網路商店	360 元
57	連鎖業開店複製流程	360 元
58	商鋪業績提升技巧	360 元
59	店員工作規範（增訂二版）	400 元
60	連鎖業加盟合約	400 元
61	架設強大的連鎖總部	400 元
62	餐飲業經營技巧	400 元
63	連鎖店操作手冊（增訂五版）	420 元
64	賣場管理督導手冊	420 元
65	連鎖店督導師手冊（增訂二版）	420 元
66	店長操作手冊（增訂六版）	420 元
67	店長數據化管理技巧	420 元
68	開店創業手冊〈增訂四版〉	420 元
69	連鎖業商品開發與物流配送	420 元
70	連鎖業加盟招商與培訓作法	420 元
71	金牌店員內部培訓手冊	420 元
72	如何撰寫連鎖業營運手冊〈增訂三版〉	420 元

使用培訓、提升企業競爭力是萬無一失、事半功倍的方法。其效果更具有超大的「投資報酬力」！

好消息

最 暢 銷 的 培 訓 叢 書

序 號	名 稱	售價
11	培訓師的現場培訓技巧	360 元
12	培訓師的演講技巧	360 元
15	戶外培訓活動實施技巧	360 元
17	針對部門主管的培訓遊戲	360 元
21	培訓部門經理操作手冊（增訂三版）	360 元
23	培訓部門流程規範化管理	360 元
24	領導技巧培訓遊戲	360 元
26	提升服務品質培訓遊戲	360 元
27	執行能力培訓遊戲	360 元
28	企業如何培訓內部講師	360 元
29	培訓師手冊（增訂五版）	420 元
30	團隊合作培訓遊戲(增訂三版）	420 元
31	激勵員工培訓遊戲	420 元
32	企業培訓活動的破冰遊戲（增訂二版）	420 元
33	解決問題能力培訓遊戲	420 元
34	情商管理培訓遊戲	420 元
35	企業培訓遊戲大全（增訂四版）	420 元
36	銷售部門培訓遊戲綜合本	420 元

上述各書均有在書店陳列販賣，若書店賣完而來不及由庫存書補充上架，請讀者直接向店員詢問、購買，最快速、方便！購買方法如下：

銀行名稱：合作金庫銀行　敦南分行(代碼：006)

帳號：5034-717-347-447

公司名稱：憲業企管顧問有限公司

郵局劃撥帳號：18410591

在海外出差的………
臺灣上班族
不斷學習，持續投資在自己的競爭力，最划得來的……

愈來愈多的台灣上班族，到海外工作（或海外出差），對工作的努力與敬業，是台灣上班族的核心競爭力；一個明顯的例子，返台休假期間，台灣上班族都會抽空再買書，設法充實自身專業能力。

[憲業企管顧問公司]以專業立場，為企業界提供專業咨詢，並提供最專業的各種經營管理類圖書。

85%的台灣上班族都曾經有過購買（或閱讀）[憲業企管顧問公司]所出版的各種企管圖書。

建議你：工作之餘要多看書，加強競爭力。

建立企業圖書館

當市場競爭激烈時：

培訓員工，強化員工競爭力
是企業最佳對策

「人才」是企業最大的財富。如何提升人才，是企業永續經營、戰勝對手的核心競爭力。積極培訓公司內部員工，是經濟不景氣時期的最佳戰略，而最快速的具體作法，就是「建立企業內部圖書館，鼓勵員工多閱讀、多進修專業書籍」

建議您：請一次購足本公司所出版各種經營管理類圖書，作為貴公司內部員工培訓圖書。使用率高的（例如「贏在細節管理」），準備 3 本；使用率低的（例如「工廠設備維護手冊」），只買 1 本。

給 總 經 理 的 話

　　總經理公事繁忙，還要設法擠出時間，赴外上課進修學習，努力不懈，力爭上游。

　　總經理拚命充電，但是員工呢？

　　公司的執行仍然要靠員工，為什麼不要讓員工一起進修學習呢？

　　買幾本好書，交待員工一起讀書，或是買好書送給員工當禮品。簡單、立刻可行，多好的事！

培訓叢書 (37) 售價：420 元

溝通能力培訓遊戲

西元二〇一八年三月 初版一刷

編輯指導：黃憲仁

編著：郭寶明

策劃：麥可國際出版有限公司（新加坡）

編輯：蕭玲

校對：劉飛娟

發行人：黃憲仁

發行所：憲業企管顧問有限公司

電話：(02) 2762-2241　(03) 9310960　0930872873

電子郵件聯絡信箱：huang2838@yahoo.com.tw

銀行 ATM 轉帳：合作金庫銀行　帳號：5034-717-347447

郵政劃撥：18410591　憲業企管顧問有限公司

江祖平律師顧問：紙品書、數位書著作權與版權均歸本公司所有

登記證：行政業新聞局版台業字第 6380 號

本公司徵求海外版權出版代理商（0930872873）

本圖書是由憲業企管顧問(集團)公司所出版，以專業立場，為企業界提供最專業的各種經營管理類圖書。

圖書編號 ISBN：978-986-369-067-2